Ne vous noyez pas dans un verre d'eau… en famille !

RICHARD CARLSON

Ne vous noyez pas dans un verre d'eau... en famille !

Traduit de l'américain par Ned Flaunders

Bien-être

Published by arrangement with Linda Michaels Limited
International literary Agents

Copyright © 1997, Richard Carlson, Ph. D.

Pour la traduction française :
© Éditions Michel Lafon, 1998

Je dédie ce livre à ma famille – Kris, Jazzy et Kenna.
Quelle joie de partager votre vie !
Je vous aime telles que vous êtes.
Merci pour votre indulgence
lorsqu'il m'arrive de me noyer dans un verre d'eau !

Sommaire

Introduction

Les relations que vous entretenez avec votre conjoint, vos enfants, vos frères et sœurs ou vos parents connaissent parfois des tensions délicates. La cohabitation, les sacrifices, les ornières de la routine, les attentes déçues, les emplois du temps inconciliables, les petites manies, le poids des responsabilités et ce nid de vipères que sont les « affaires de famille » se conjuguent pour créer autour de vous un environnement stressant. D'autant que vos proches savent mieux que personne ce qui est susceptible de vous mettre en rogne ! Ajoutez à cela les charges et les désagréments inhérents à la vie domestique – les factures, la vaisselle, le ménage, l'entretien, le bruit, les parois mal insonorisées, les travaux de bricolage, le téléphone qui sonne, le linge à laver, le chien à promener, les voisins à supporter, etc. – et vous aurez largement de quoi vous concocter une jolie dépression nerveuse ! Inutile de se leurrer : avoir une famille est un privilège qui s'accompagne certes de nombreuses satisfactions, mais aussi d'un paquet de soucis, même lorsque les choses se passent plutôt bien. Pour que la situation soit vécue comme une expérience positive, il faut s'armer de patience et ne pas se laisser submerger par les inévitables tracas du quotidien. Celui-ci nous offre suffisamment de problèmes à gérer pour ne pas en rajouter. Si vous avez tendance, en famille, à prendre les taupinières pour des montagnes, je ne donne pas cher de votre santé mentale ! On touche là un domaine très important, dont les enjeux sont énormes : il y va à la fois de l'harmonie de votre foyer comme de votre équilibre personnel.

J'ai écrit ce livre dans l'espoir de vous simplifier la vie à la maison, tout en la rendant plus chaleureuse. Les cent « stratégies » présentées ici se proposent de parer aux contrariétés les plus courantes et de raviver les joies de la vie en famille, qui s'émoussent parfois, rongées par l'usure et les rancœurs mal digérées. J'ai conçu ces techniques pour vous donner le recul, la patience et la sagesse qui vous permettront de faire face avec meilleure grâce aux exigences domestiques.

Quand on apprend à se simplifier la vie en famille, on part avec un énorme avantage. Comme on perd moins d'énergie à se ronger les sangs, on peut en consacrer davantage aux loisirs, à l'amour et à la création. Les ressources qu'on gaspillait à remâcher ses soucis, on les utilise désormais à accumuler des souvenirs heureux. Lorsque vous vous laisserez moins agacer par de simples broutilles, votre famille vous apparaîtra davantage comme une source de joie. Vous serez plus patient, vous vous sentirez moins débordé, vous ferez l'expérience d'une plus grande harmonie. Et ce sentiment de paix se communiquera à votre entourage.

Quand vous saurez cantonner vos petits ennuis à leur juste proportion, les journées vous paraîtront beaucoup moins stressantes. Vous cesserez de chercher la petite bête dans certains comportements qui naguère vous faisaient grimper aux rideaux. Sur le plan familial, vous formerez un groupe plus soudé, et au niveau personnel, vous serez plus serein. Vous ferez preuve d'indulgence à l'égard des autres comme de vous-même. Vous n'attendrez plus que tout aille comme sur des roulettes pour vous autoriser à être heureux. Vous éprouverez un surcroît d'amour que vous saurez partager autour de vous. Devenu moins susceptible, moins sur vos gardes, vous permettrez à vos proches d'exprimer le meilleur d'eux-mêmes.

Après la publication de *Ne vous noyez pas dans un verre d'eau*, beaucoup de lecteurs m'ont posé cette question : « Est-ce toujours très calme chez vous ? » Je dois avouer que non ! Du jour où *Ne vous noyez pas dans un verre d'eau* est sorti en librairie, mes enfants, en particulier, sont devenus très exigeants à mon égard. Aujourd'hui, j'ai parfois l'impression qu'ils ne me laissent plus rien passer ! Lorsqu'un incident me fait sortir de mes gonds, Kenna, ma fille cadette, se met à courir dans la maison en brandissant un exemplaire de mon livre « Papa, tu vas encore te noyer dans un verre d'eau ! » Mon aînée, Jazzy, huit ans, est encore plus intraitable que sa sœur. Récemment, nous prenions le petit déjeuner ensemble, un matin où je partais donner des conseils antistress dans une entreprise à l'autre bout du pays. Nous bavardions tranquillement lorsque j'ai changé de conversation pour la sermonner – chose qu'elle ne supporte pas. Subitement, elle s'est levée et, les mains sur les hanches, m'a lancé sur un ton plein de sarcasmes : « Papa, c'est toi qui apprends aux gens à se débarrasser de leur stress ? » Oui, je le reconnais : je me noie dans un verre d'eau plus facilement à la maison que partout ailleurs. Et je parie qu'il en va de même pour vous !

Quand il s'agit de notre famille et de notre maison, aucun de nous n'atteindra la perfection absolue, ni même ne s'en approchera. Il y aura toujours des moments de frustration ou de ras-le-bol. Pourtant, nous pouvons accomplir des progrès sensibles et modifier ponctuellement, voire de façon plus radicale, nos relations avec les membres de notre famille et nos réactions face aux responsabilités quotidiennes. Nous pouvons améliorer de manière significative notre qualité de vie – sur le plan individuel comme familial.

Des millions de personnes se donnent aujourd'hui pour priorité de ne plus « se noyer dans un verre d'eau ». L'entreprise n'est jamais aussi importante qu'avec ceux que nous aimons. N'avons-nous pas trop tendance à considérer leur présence à nos côtés comme une chose acquise, qui ne mériterait plus d'efforts de notre part ? En adoptant les comportements nouveaux que je vous propose, vous apprécierez à sa juste valeur ce don du ciel qu'est la famille et, par extension, le cadeau de la vie. Votre foyer deviendra un havre de paix.

Je vous adresse, à votre famille comme à vous, mon amour et tous mes vœux de réussite.

1

Instaurez un climat émotionnel positif

Pour fleurir, un jardin a besoin de certaines conditions : une terre fertile, un arrosage adéquat, du beau temps au bon moment, etc. Il en va de même pour votre foyer. Il s'épanouira mieux s'il baigne dans un « climat » émotionnel bien conçu. Au lieu de réagir à chaque crise dès lors qu'elle survient, au coup par coup, tâchez d'instaurer un climat émotionnel positif : cela vous donnera une longueur d'avance pour écarter les causes potentielles de conflit. Vous saurez alors *répondre* à la vie au lieu de vous *rebiffer* contre elle.

Pour déterminer l'environnement émotionnel qui vous conviendra le mieux, à vous comme à votre famille, il faut commencer par vous poser plusieurs questions importantes : quel genre de personne êtes-vous ? Dans quel type d'atmosphère vous sentez-vous le plus à l'aise ? Souhaiteriez-vous une maison plus calme qu'elle ne l'est actuellement ? Les réponses à ces interrogations sont capitales pour parvenir à notre objectif.

En effet, la création d'un climat émotionnel dépend davantage de vos préférences personnelles que des circonstances extérieures. Ainsi, par exemple, l'emplacement des meubles, la couleur de vos murs ou de votre moquette participent certes à votre environnement émotionnel mais n'en constituent en aucun cas les éléments déterminants. Parmi ceux-ci, il faut citer avant tout l'agitation ambiante (est-ce que vous courez tous comme des poulets dont on vient de trancher la tête ?), le respect accordé à chacun, et votre disposition (ou vos réticences) à examiner tranquillement les griefs des uns ou des autres.

À la maison, nous avons décidé de maintenir un environnement de calme relatif. Nous n'y arrivons pas toujours, mais nous essayons de mettre les chances de notre côté. Autant nous aimons passer du temps ensemble (et nous ne nous en privons pas), autant chacun de nous apprécie des moments de solitude. Le seul fait que celle-ci soit considérée comme positive, et non comme négative, nous permet d'être plus sensibles, plus vigilants même, au niveau de bruit et de confusion qui règnent dans la maison à tout instant. Nous avons appris à deviner quand l'un de nous a besoin de davantage de silence ou d'un espace vital plus grand.

Nous essayons aussi de limiter le plus possible les cavalcades inutiles. Nos enfants n'ont que cinq et huit ans, mais nous en avons discuté plusieurs fois avec elles. Toute la famille a accepté de travailler sur ce point, tant au niveau individuel que collectif. Par exemple, lorsque je fais mille choses à la fois, sans savoir où donner de la tête, j'autorise mes enfants à me rappeler à l'ordre (au calme). Ils ont compris que la précipitation nuit à notre qualité de vie et ils n'hésitent pas à me signaler lorsque je m'écarte de notre objectif commun.

Il va sans dire que l'environnement émotionnel idéal varie selon les foyers. Toutefois, si vous prenez le temps de réfléchir un peu au type d'atmosphère que vous souhaitez, des changements relativement simples, faciles à mettre en pratique, vous apparaîtront certainement. Mais armez-vous de patience ! Il a fallu sans doute des années pour instaurer votre climat émotionnel actuel ; en créer un nouveau peut demander du temps. Je suis presque sûr pourtant que cette stratégie se révélera payante pour toute la famille.

2

Donnez-vous dix minutes de plus

Quand on demande à une personne ou à une famille entière ce qui les stresse le plus, il est bien rare de ne pas entendre une réponse de ce genre : « Nous sommes toujours à courir après quelques minutes de retard. » Que ce soit pour aller à un match de football, au travail, à l'aéroport, à l'école ou à l'église, nous trouvons toujours le moyen d'attendre le dernier moment pour partir. Cette mauvaise habitude distille une dose de stress inutile car nous pensons avec inquiétude aux personnes qui nous attendent et au programme que notre retard met en péril. Nous nous plaignons que « c'est toujours la même histoire ». Inéluctablement, nous finissons par nous crisper sur le volant et par raidir la nuque. Nous voilà stressés, prêts à nous noyer dans un verre d'eau !

Ce problème si courant est facile à résoudre : donnez-vous simplement dix minutes de marge. Où que vous alliez, dites-vous que vous arriverez avec dix minutes d'avance au lieu de franchir la porte de votre demeure sur le fil du rasoir.

L'astuce, c'est bien sûr de commencer à vous préparer un peu plus tôt que d'habitude et de ne pas vous lancer dans une activité annexe avant d'être fin prêt. Vous ne pouvez pas imaginer à quel point cette technique toute bête m'a été d'un grand secours dans ma vie. Au lieu de chercher partout et à la dernière seconde mon portefeuille ou les chaussures de ma fille, je suis en général prêt longtemps à l'avance. Ne me dites pas que ces dix minutes ne changeront rien à l'affaire : je vous garantis qu'elles feront toute la différence ! Ce court répit va transformer une journée stressante en une journée sereine. Qui plus est, vous allez mieux profiter de vos différentes activités quotidiennes, au lieu de les passer en revue au triple galop.

Partez toujours un peu plus tôt. Chaque fois que c'est possible, prévoyez un battement entre vos rendez-vous professionnels, entre ceux-ci et vos activités récréatives. Surtout, ne surchargez pas votre agenda. Votre vie vous semblera plus détendue : la sensation de course et de traque perpétuelles cédera la place à un sentiment de paix.

3

Gardez à l'esprit qu'un conjoint heureux est un adjoint précieux

Cela me paraît une telle évidence que je suis presque gêné d'aborder le sujet. Pourtant, je me suis rendu compte que très peu de couples savent tirer profit des implications remarquables de cette stratégie. L'idée de départ est on ne peut plus simple : si votre conjoint est heureux, s'il se sent apprécié, il aura à cœur de vous rendre service ! Inversement, si votre conjoint se sent malheureux ou ignoré, il n'aura aucune envie de vous faciliter l'existence !

Soyons clair : je ne prétends aucunement que vous soyez responsable du bonheur de votre femme ou de votre époux. C'est à chaque individu, en dernière analyse, qu'appartient cette tâche. Il n'empêche que nous jouons un rôle important dans le sentiment de considération que peut éprouver notre conjoint. Vous arrive-t-il souvent de le (ou la) remercier sincèrement pour le travail qu'il (ou elle) accomplit en votre faveur ? J'ai rencontré des centaines de personnes qui avouent ne presque jamais exprimer une telle gratitude, et je n'en ai jamais connu qui le fassent de manière continue.

Votre femme ou votre mari sont d'abord des partenaires. De façon idéale, vous devez les traiter comme votre meilleur(e) ami(e). Si votre meilleur ami vous annonçait par exemple : « J'ai envie de partir seul quelques jours », que lui répondriez-vous ? Dans la plupart des cas, vous diriez quelque chose du genre : « Excellente idée. Tu l'as bien mérité. » Mais si votre conjoint venait à vous soumettre le même désir, n'auriez-vous pas plutôt tendance à songer aux conséquences de son absence sur votre routine personnelle ? Ne vous sentiriez-vous pas délaissé ? Ne lui soupçonneriez-vous pas toutes sortes de mobiles inavouables ? Posez-vous la question en toute franchise : est-ce qu'un ami véritable s'inquiète d'abord de lui-même, ou du bonheur de son camarade ? Croyez-vous que ce soit une coïncidence si vos meilleurs amis n'hésitent pas à vous donner un coup de main chaque fois que c'est possible ?

Évidemment, vous ne pouvez pas toujours traiter votre conjoint comme s'il s'agissait d'un ami. Après tout, la vie de couple, la tenue d'une maison aussi bien que d'un budget commun entraînent un grand nombre de responsabilités. Toutefois, le parallèle peut être révélateur. Imaginez par exemple qu'un de vos amis vienne chez vous, fasse le ménage et prépare le dîner. Comment réagiriez-vous ? Que lui diriez-vous ? Lorsque votre conjoint fait la même chose, est-ce qu'il ou elle ne mérite pas toute votre reconnaissance ?

Peu importe si nous travaillons à la maison ou à l'extérieur (ou un peu des deux) : tous autant que nous sommes, nous apprécions et méritons les compliments. Et dès lors que notre contribution n'est pas considérée comme allant de soi, nous ne demandons pas mieux que de rendre service.

Ma femme et moi essayons de toujours reconnaître à leur juste valeur les efforts consentis par l'un ou par l'autre. Je suis content lorsque Kris me dit tout le prix qu'elle attache à mon travail. Et elle continue de me le dire, même au bout de treize ans de mariage. De mon côté, j'essaie de lui exprimer chaque jour ma gratitude pour sa contribution immense à notre famille. Résultat : nous aimons tous deux nous aider – non par simple obligation conjugale, mais parce que nous savons que ces petits gestes seront bienvenus.

Si vous en faites autant, continuez. Sinon, il n'est jamais trop tard pour s'y mettre. Demandez-vous : « Que pourrais-je faire pour exprimer davantage ma reconnaissance à mon conjoint ? » Très souvent, la réponse vient d'elle-même. Faites toujours l'effort de dire « merci », et avec sincérité. Vous remarquerez que tous les couples heureux agissent ainsi.

4

Observez les enfants car
ils vivent dans le présent

Cette stratégie fonctionne à merveille, que vous ayez ou non des enfants à la maison. Vous pouvez toujours passer du temps avec ceux de vos amis, ou simplement observer des bambins dans un parc. Bien que ce ne soit pas toujours vrai, la plupart des enfants, en particulier les plus jeunes, vivent de façon naturelle, spontanée, dans le moment présent.

Faire l'expérience de ce « moment présent » n'est pas une entreprise mystérieuse, ni même un exercice difficile. Il s'agit pour l'essentiel d'oublier un peu les soucis, les regrets et les remords, tout ce qui « cloche » ou tout ce qui reste à faire. C'est engager son attention dans l'ici et maintenant, sans laisser votre esprit vous entraîner vers des « ailleurs » coupés de la réalité en cours. Quand vous y parvenez, non seulement vous savourez l'instant que vous traversez dans toute sa plénitude, mais vous aiguisez au maximum votre compréhension de la situation car vous êtes moins distrait par vos attentes ou par vos angoisses.

Les gens heureux savent bien qu'en dépit de ce qui s'est passé hier, le mois dernier, ou des années auparavant (et de ce qui pourrait arriver plus tard dans la journée, demain ou l'année prochaine), c'est dans l'instant présent, et là seulement, que l'on peut trouver et ressentir le bonheur. Cette vérité ne signifie pas pour autant que le passé ne vous affecte pas,

21

ou que vous ne puissiez en tirer des leçons utiles. Cela ne vous empêche pas davantage de faire des projets d'avenir, de préparer votre retraite. Mais il faut bien comprendre que votre énergie la plus efficace, la plus positive, se déploie aujourd'hui – en ce moment même. Quand vous êtes tracassé ou énervé, c'est souvent à propos d'un incident qui appartient déjà au passé ou qui ne s'est pas encore produit.

Les enfants comprennent de façon instinctive que la vie est une succession d'instants, chacun devant être vécu pleinement, l'un après l'autre, comme s'ils revêtaient tous la même importance. Ils s'immergent entièrement dans le présent et offrent toute leur attention à la personne avec laquelle ils sont. Cela me rappelle une anecdote touchante qui remonte à cinq ou six ans. Ma femme et moi avions engagé une baby-sitter pour garder notre enfant de deux ans un soir où nous sortions. Je jouais avec ma fille dans le bac à sable lorsque la jeune femme est arrivée. Comme je me levais pour partir, ma fille s'est mise à pousser des hurlements de colère. Elle semblait me dire : « Comment oses-tu interrompre notre jeu ! » Elle a crié qu'elle ne voulait pas de la baby-sitter – qu'elle me voulait, moi, son papa. Nous avons réussi cependant à nous éclipser. Mais aussitôt, je me suis aperçu que j'avais oublié mes clés de voiture et je suis retourné les chercher à l'intérieur. J'ai jeté un œil par la porte de derrière et j'ai vu ma fille, riant aux éclats, en train de s'amuser de nouveau dans le bac à sable. Elle était plongée dans les plaisirs délicieux du moment présent. Elle avait lâché prise sur le passé – un passé pourtant vieux d'à peine quelques minutes.

Les enfants réagissent très souvent de cette manière. Un psychologue ou un cynique pourrait arguer qu'en faisant une scène pour me retenir, ma fille ne cherchait qu'à me manipuler – et il y a peut-être du vrai dans cette affirmation. Mais un esprit plus positif conviendrait qu'elle a exprimé une forte objection à un moment précis, puis qu'elle est passée à autre chose. Dès que j'ai eu quitté les lieux, elle a tourné d'elle-même son attention vers l'ici et maintenant – ce qui constitue une excellente leçon pour chacun d'entre nous.

Si vous prenez cette stratégie à cœur, vous découvrirez que la capacité à s'immerger dans le présent est une qualité qui mérite d'être développée. Elle vous offre la possibilité de vivre des moments ordinaires de manière extraordinaire. Vous passerez moins de temps à pester contre l'existence, et plus à la savourer. Vous dépenserez moins d'énergie à vous convaincre de la médiocrité de votre vie, et plus à profiter de l'instant inédit que vous vivez – à commencer par celui-ci, en ce moment même.

5

Protégez votre vie privée

Votre maison doit être un havre de paix, à l'abri de l'extérieur. Quand vous laissez la folie du monde pénétrer chez vous, vous détruisez, ou tout au moins vous réduisez, une source potentielle de calme. En général, nous sommes soucieux de protéger notre sécurité physique, et nous prenons même des mesures dans ce sens, mais curieusement nous négligeons souvent notre sécurité émotionnelle et spirituelle. Nous pouvons corriger, en partie sinon tout à fait, ce défaut en respectant davantage notre besoin d'intimité.

Protéger sa vie privée, c'est une façon de dire à la face du monde que vous accordez de la valeur à votre personne comme à votre tranquillité d'esprit. Par votre attitude, vous soulignez le prix que vous attachez à votre santé et à votre bonheur. Votre maison est un des rares lieux où vous ayez (dans la plupart des cas) un pouvoir de contrôle sur ce qui entre et ce qui n'entre pas. C'est un endroit où vous avez (souvent) le droit de dire non.

Il y a plusieurs façons de protéger sa vie privée. Cela veut dire par exemple laisser le répondeur téléphonique prendre les messages et filtrer les appels. Souvent, par pure habitude, nous nous précipitons pour décrocher le combiné alors que nous n'avons pas vraiment envie de parler à quelqu'un. Il ne faut pas s'étonner ensuite de se sentir envahi ! J'ai pour principe général de ne pas répondre au téléphone quand j'ai envie d'être seul ou quand je suis avec un membre de ma famille qui a besoin de mon attention. Pourquoi interrompre ceux que nous aimons pour prendre un appel qui vient peut-être d'un inconnu ?

Si vous avez des enfants, vous pouvez fixer des limites au nombre d'amis qu'ils reçoivent chaque semaine. Vous agissez ainsi non pas pour créer un environnement antisocial mais pour développer un sens de l'équilibre et de l'harmonie. Par moments, ma femme et moi avons eu l'impression que notre maison ressemblait davantage à un hall de gare qu'à une retraite paisible. En exprimant simplement notre désir d'instaurer un environnement plus calme, et en adoptant quelques ajustements mineurs, nous avons su retrouver cet équilibre.

Vous pouvez apprendre à refuser plus souvent des sollicitations qui vous entraîneraient loin de la maison, comme vous pouvez apprendre à réduire la fréquence des visiteurs chez vous. Encore une fois, il n'est pas question de se transformer en ermites ou d'éloigner ses amis mais de respecter un besoin d'intimité. Quand vous aurez pris cette décision, vous remarquerez en vous une différence notable : vous vous sentirez plus calme, plus « entier ». Et quand vous inviterez des amis chez vous, vous serez mû par un vrai désir de les voir et non par une forme quelconque d'obligation.

Nous avons tous besoin d'une certaine intimité. Quand vous rentrez à la maison, sachez que vous êtes chez vous, dans votre cocon. Que vous louiez une chambre de bonne ou que vous soyez propriétaire de votre domicile, veillez toujours à respecter ce besoin d'intimité. Vous constaterez bientôt que l'extérieur a moins de prise sur vous.

FRONT

418-538-3460

BEGINNING /DÉBUT	END /FIN
10:40	10:50

CHAUFFEUR

6

Ne vous reprochez plus vos éclats

Quel que soit votre tempérament, il arrive toujours un moment ou un autre où vous « prenez la mouche ». Souvent, cela ne prête pas à conséquence. Vous élevez la voix, vous piquez une colère parce que vous vous sentez exploité ou mis à l'écart. Vous levez les bras au ciel avec indignation. Vous êtes si stressé que vous avez l'impression d'être « limite craquage ». Vous pouvez même ruer dans les brancards, donner du poing sur la table ou casser la vaisselle. Mais, à moins de blesser quelqu'un (ou vous-même), il est important de pardonner ce genre d'éclats et de n'y voir que l'expression de votre « humanité ». Passez à autre chose, en faisant le vœu d'être moins susceptible à l'avenir. Croyez-moi, c'est la meilleure solution.

Il y a plus grave en effet que ces explosions de colère : c'est la façon dont nous nous battons la coulpe après coup. Nous nous noircissons à plaisir, nous nous accusons de tous les maux, emplissant notre esprit d'une mauvaise conscience nocive. Malheureusement, ce monologue intérieur n'accomplit rien de positif ; il peut même, en focalisant notre attention sur le problème, nous encourager à répéter ce comportement qui nous déplaît tant.

Au long de ma carrière, j'ai rencontré des gens extraordinaires, parmi lesquels des thérapeutes de renommée mondiale ou des auteurs de manuels de sagesse. La plupart sont calmes et ouverts, mais, de leur propre aveu, aucun n'est à l'abri d'un coup de colère occasionnel. L'erreur est humaine et nous méritons tous l'indulgence. Vous le premier !

Devenir une personne plus sereine, en particulier dans l'intimité du foyer, est un chemin à accomplir, pas une destination inaccessible. On me dit souvent :

— J'ai appris à me contrôler et je suis beaucoup plus heureux qu'avant, mais il m'arrive encore d'exploser de temps à autre.

Ma réponse est presque toujours la même :

— Félicitations ! Vous êtes en bonne voie.

Pour se pardonner, il faut d'abord admettre qu'on a « pété les plombs » et qu'on recommencera à l'occasion – probablement des centaines de fois dans sa vie. Tout va bien. L'essentiel est que vous alliez dans la bonne direction. Et quand vous cesserez de vous reprocher vos éclats, il vous sera plus facile d'étendre cette politesse aux autres. À la maison, j'aime assez quand un de nos enfants, ou ma femme, perd sa contenance parce que cela me donne l'occasion de me rappeler avec compassion qu'en fin de compte, nous sommes tous sortis du même moule. Et je sais mieux que quiconque combien on se sent mal dans sa peau une fois la fureur retombée.

Croyez-moi, si vous pouvez faire preuve de compréhension à l'égard des « coups de gueule » (les vôtres comme ceux des autres), vous aurez moins tendance à déprimer et à vous noyer dans un verre d'eau.

7

Écoutez-la (et lui aussi) !

S i je devais choisir un seul conseil susceptible de régler tous les conflits relationnels et les problèmes familiaux, ce serait de mieux écouter. Et si la plupart des gens ont besoin de travailler dans ce domaine, je dois dire que c'est nous, les hommes, qui sommes principalement visés !

Parmi toutes les femmes que j'ai rencontrées au cours de ma vie ou dans l'exercice de ma profession, nombreuses sont celles qui se plaignent que leur mari, leur compagnon ou leur père ne les écoute pas. Et la plupart affirment aussi que la plus petite amélioration dans ce domaine serait d'un grand secours. L'écoute est une « pilule miracle » qui produit des résultats presque garantis.

Il est toujours instructif de s'entretenir avec des couples qui s'aiment. Dans la plupart des cas, quand on leur demande le secret de leur réussite, ils soulignent le don d'écoute de leur partenaire comme un des facteurs essentiels à la qualité de leurs rapports. C'est également vrai des relations harmonieuses entre un père et sa fille, comme entre deux amis homme-femme.

Si les effets en retour sont aussi puissants et assurés, comment se fait-il que nous ne soyons pas plus nombreux à savoir écouter ? Plusieurs raisons me viennent à l'esprit. Tout d'abord, en ce qui concerne les hommes, beaucoup considèrent que c'est une attitude trop passive. Autrement dit, quand ils écoutent au lieu d'entrer en lice, ils ont l'impression de ne rien faire. Ils ont du mal à accepter que le seul fait de prêter une oreille attentive puisse constituer un remède d'une quelconque efficacité.

Le meilleur moyen de surmonter cet obstacle est de comprendre à quel point nos proches apprécient d'être écoutés. Ils ont alors le sentiment d'avoir été entendus et compris. C'est pour eux un véritable baume au cœur. Inversement, quand on refuse de les écouter, ils se sentent meurtris et insatisfaits.

L'autre raison principale pour laquelle nous sommes si peu nombreux à savoir écouter, c'est que nous ne nous rendons pas compte à quel point nous laissons à désirer dans ce domaine ! Mais si personne ne nous le fait remarquer d'une manière ou d'une autre, comment pourrions-nous le savoir ? Notre défaut devient une habitude inconsciente. Et comme malgré cela nous ne manquons pas d'amis, de parents, ni de compagnie, nous jugeons qu'après tout nous en faisons bien assez !

Pour déterminer sa faculté d'écoute, il faut beaucoup d'honnêteté et d'humilité. Surveillez les moments où vous bondissez pour interrompre quelqu'un. Soyez plus patients. Observez-vous quand vous « décrochez » pour penser à autre chose, avant même que votre interlocuteur ait fini de parler.

Peu de stratégies offrent une telle garantie de résultats. Vous serez stupéfait de la vitesse à laquelle des problèmes anciens se corrigent d'eux-mêmes. En devenant plus attentif à ceux que vous aimez, vous vous sentirez plus proches d'eux. Acquérir une meilleure écoute est un art en soi. Le plus souvent, il n'exige pourtant que votre bonne volonté, suivie d'un minimum de pratique. Je suis convaincu que vos efforts seront récompensés !

8

Réconciliez-vous avec les disputes

Rien de tel qu'une dispute entre enfants pour compromettre une journée par ailleurs calme. Tous ceux qui savent ce qu'est la rivalité entre frères et sœurs comprennent exactement de quoi je parle.

Peu après le deuxième anniversaire de ma fille cadette, je recevais une amie et nous bavardions tranquillement quand j'ai exprimé mon inquiétude à propos d'une bagarre qui grondait dans l'air.

— Tu ferais bien de t'y habituer, m'a répondu cette amie. Elle avait entièrement raison. Si vous avez plus d'un enfant, les disputes sont une réalité contre laquelle il est inutile de lutter. La question n'est pas « est-ce qu'il va y en avoir une ? » mais « quelle est la meilleure stratégie pour y faire face ? »

Je suis le premier à admettre qu'il y a des moments où ces querelles me tapent sérieusement sur le système. Mais je me suis aperçu que l'attitude la plus sage à adopter pour les parents, grands-parents ou baby-sitters (en fait quiconque s'occupe d'enfants) est de s'en faire une raison, une bonne fois pour toutes. Je me rends bien compte que c'est plus facile à dire qu'à mettre en pratique, mais avons-nous le choix ?

Il y a deux excellentes raisons de se réconcilier avec les disputes. La première, c'est que plus vous vous escrimez contre un problème, plus vous lui donnez de l'ampleur. Imaginons que vos deux enfants se chamaillent : si vous intervenez trop vite, vous allez écoper non seulement de leur agressivité mais

31

aussi de vos propres réactions – hausse de tension, pensées négatives, coup de sang. C'est comme si vous montiez sur le ring avec votre progéniture. Dès lors, vous risquez de transformer une simple chicane en un règlement de comptes général : autrement dit, vous allez vous noyer dans un verre d'eau.

La deuxième raison pour laquelle il faut s'accommoder des disputes, c'est qu'en voulant éteindre l'incendie, on ne fait souvent que jeter de l'huile sur le feu. Comment voulez-vous exiger « la paix » de vos enfants alors que vous entrez de plein fouet dans le conflit ? Vous donnez le mauvais exemple. Vos enfants vont percevoir votre agitation, ce qui va les pousser à vous demander de prendre parti. Finalement, votre énervement n'aura fait que souffler sur les braises.

La bonne nouvelle, c'est que le contraire est également vrai. Quand vous vous réconciliez avec les disputes, c'est-à-dire quand vous les acceptez comme le lot quotidien des parents, vous cessez alors de leur fournir du combustible : le feu s'éteint de lui-même. Il existe un lien direct entre votre capacité à rester de marbre dans la tourmente et la fréquence des affrontements que vous aurez à subir.

À l'occasion, bien sûr, vous pourrez intervenir, parce que la situation l'exige, ou parce que vous aurez envie d'aider vos enfants à vivre en meilleure intelligence. La stratégie que je vous propose ici traite avant tout des petits conflits qui surviennent de façon quotidienne. C'est de ceux-là qu'il faut s'accommoder. Ici comme ailleurs, le fait d'accepter ce qui est, au lieu de vouloir à tout prix modeler la vie à son gré, est la clé de la sérénité. En choisissant de ne pas participer et de ne pas aggraver la zizanie, vous montrerez le bon exemple. Croyez-moi : si vous adoptez une attitude plus détachée face aux disputes normales de vos enfants, vous les verrez bientôt tempérer leurs ardeurs.

9

Prenez soin de votre maison comme on repeint le Golden Gate

Un architecte m'a appris une chose qui m'a sidéré sur la masse de travail qu'il fallait pour entretenir le célèbre Golden Gate, dans la baie de San Francisco. Il m'a expliqué que le pont était repeint pratiquement à longueur d'année. Quand le travail arrive à son terme, il est déjà temps de recommencer. C'est une opération toujours en cours. Sans cet entretien permanent, le pont s'exposerait à de coûteuses dégradations et à une intervention qui ne serait plus d'ordre seulement cosmétique.

Un jour, il m'est apparu qu'il en allait de même avec l'entretien de son domicile. Cette découverte a été un grand soulagement dans ma vie.

Comme la plupart des gens, j'étais alors submergé par les travaux que nécessite une maison. Dès qu'il y avait quelque chose à réparer ou à ranger, cela me tracassait. Avec le recul, je me dis que je devais être constamment sur les nerfs, parce qu'il y avait toujours quelque chose qui allait de travers : un évier bouché, une pièce qui avait besoin d'un coup de peinture, un placard en désordre, des mauvaises herbes à arracher, etc. Je m'imaginais sans doute qu'un beau jour tout serait enfin terminé et que je pourrais alors me reposer sur mes lauriers…

Eh bien, quelques années plus tard, la maison est toujours « en chantier ». Les mauvaises herbes ont repoussé, le grenier est encore en vrac, il y a toujours de la vaisselle sale dans l'évier, et la chambre de mes filles a de nouveau besoin d'être repeinte ! C'est exactement comme le Golden Gate : le travail n'est jamais fini – et il ne le sera jamais. La seule différence, c'est qu'aujourd'hui j'ai accepté comme inéluctable cet inachèvement.

Cette façon d'aborder le problème m'a été d'un secours considérable. À présent, j'arrive à garder mon sens de la perspective. Ce qui ne veut pas dire que je ne travaille pas dur pour maintenir la maison en ordre et en bon état ! Je m'y évertue, mais je ne suis plus obsédé par l'idée de mettre un point final à ces efforts.

Pour peu que vous regardiez les choses de cette manière, vous vous ôterez des épaules un poids énorme. Vous apprécierez davantage ce qui est accompli et vous ressentirez moins de frustration en pensant à tout ce qui reste à faire.

10

Ne répondez pas au téléphone

Vous êtes complètement débordé par ce que vous faites à la maison lorsque, au pire moment, le téléphone se met à sonner… Combien de fois cela vous est-il arrivé ? Ou bien vous essayez désespérément de sortir, seul ou avec les enfants, quand – dring, dring, dring – le téléphone vous rattrape par la manche. À l'inverse, vous savourez un moment particulier – seul ou en compagnie d'un être cher – et, de nouveau, l'odieuse sonnerie retentit.

Dans toutes ces situations, avez-vous répondu ? Si vous êtes comme la plupart des gens, la réponse est sans doute oui. Mais pourquoi ? Décrocher le combiné est une des rares choses dans la vie sur laquelle nous ayons le pouvoir absolu de décision. À l'âge du répondeur, il n'y a plus guère d'urgence. Dans la majorité des cas, nous pouvons rappeler la personne à une heure plus propice.

Chez nous, un des pires moments de stress se produit le matin, quand le téléphone sonne alors que nous franchissons la porte, et qu'une de mes filles revient en courant pour répondre ! Au lieu de monter dans la voiture, je suis alors obligé de prendre l'appel. Le plus souvent, cela n'en valait pas la peine… Mais je vais vous confier un petit secret. Je dispose désormais d'un appareil dont je peux supprimer à volonté la sonnerie. Parfois, je mets en action ce petit gadget une bonne demi-heure avant notre départ. De cette façon, les enfants ne seront pas tentés de répondre !

Il y a des années, nous débattions avec un ami sur la question de savoir s'il fallait ou non décrocher son téléphone pendant un repas familial. Nous sommes convenus qu'à moins d'attendre un appel très important, c'était là un manque de courtoisie flagrant à l'égard de nos proches, car cela revenait à leur envoyer le message suivant : un inconnu me siffle et je préfère lui parler plutôt que de rester assis là avec vous. Il y a de quoi avoir peur, non ?

Quel moment magique lorsque je lis un livre avec mes deux filles et que le téléphone sonne, mais qu'au lieu d'interrompre notre plaisir, nous nous regardons et nous décidons tacitement de ne pas bouger, parce que rien n'est plus important que ce moment de bonheur partagé ! Par ce geste tout simple, je montre à mes enfants combien elles comptent à mes yeux. Elles savent que je vis pratiquement suspendu au téléphone et que la décision de ne pas y répondre ne me vient pas naturellement.

Évidemment, il y aura des occasions où vous préférerez prendre l'appel. Je vous engage toutefois à les choisir avec parcimonie. Demandez-vous toujours : « Est-ce que répondre au téléphone maintenant va me simplifier la vie, ou est-ce que cela va ajouter à mon stress ? » Si anodin que cela puisse paraître, le fait de « laisser sonner » peut devenir un moyen de reprendre les rênes de votre vie et réduire considérablement la frénésie de votre vie familiale.

11

Vivez selon votre cœur

Si les gens sont aujourd'hui si grognons et si ombrageux, c'est souvent qu'ils n'ont pas réussi à vivre selon leur cœur. Ils s'enfoncent dans les ornières de la routine faute de mieux, ou par pur mimétisme, ce panurgisme leur semblant la solution la plus sage. Beaucoup choisissent ainsi d'embrasser une carrière pour des raisons « extérieures », parce que leurs parents les y destinaient, ou par volonté d'acquérir un statut social. On voit aussi des parents choisir les activités de loisir de leurs enfants, ou bien leurs vêtements, par simple conformité à la mode. D'autres encore se saignent aux quatre veines pour acheter une maison au lieu de louer un appartement, parce qu'on leur a mis dans le crâne que c'était là l'apothéose de la réussite sociale. Et combien vivent au-dessus de leurs moyens dans le seul but d'épater les voisins ?

Vivre selon son cœur, c'est au contraire opter pour un mode de vie qui vous corresponde en profondeur, à vous comme à votre famille. Cela signifie qu'au moment de prendre une décision importante, vous veillez à ce qu'elle soit en accord avec vos valeurs personnelles, et pas nécessairement avec celles de votre entourage. Vivre selon son cœur, c'est faire confiance à son instinct plus qu'aux pressions exercées par la publicité, par la pensée unique ou même par vos proches.

Inutile toutefois de vous transformer en rebelle ! Il ne s'agit pas d'enfreindre par principe une tradition familiale ou de devenir différent de tout le monde. C'est beaucoup plus subtil que cela. Vivre selon son cœur, c'est écouter cette petite voix qui se fait entendre en vous quand vous êtes suffisamment détendu pour lui prêter l'oreille. Cette voix qui s'exprime au nom de la sagesse et du bon sens, en refusant les lieux communs comme les longs discours. Quand vous vous fiez davantage à votre cœur qu'aux usages, des idées nouvelles jaillissent dans votre esprit. L'éventail est infini : vous pouvez soudain décider de changer de ville, ou de rompre avec telle mauvaise habitude, jugée destructrice. Vous trouvez tout à coup un moyen de communiquer sur un mode plus fécond avec un être cher. Vous pouvez aussi avoir des sortes de révélations : sur les personnes que vous souhaiteriez voir plus assidûment, comme sur certaines solutions à des problèmes en cours. Mais il faut commencer par écouter son cœur.

S'y refuser crée un violent conflit intérieur, qui vous rend soupe au lait, « à cran ». Au fond de vous-même, vous savez ce qui vous convient, quel genre de vie vous voulez mener et quel milieu vous avez envie de fréquenter. Si vos actes sont en rupture avec cette sagesse intérieure, vous vous sentirez frustré et stressé. *A contrario*, en apprenant à suivre votre cœur, vous chasserez progressivement cette mauvaise humeur, vous deviendrez plus calme, plus heureux. Vous vivrez votre vie, au lieu de copier celle de monsieur ou madame Tout-le-Monde.

Pour mieux suivre les inclinations de son cœur, il faut d'abord en avoir la volonté. Posez-vous cette question : « Quelle vie ai-je vraiment envie de mener ? » « Est-ce que je trace ma propre route ou bien est-ce que j'agis par habitude, ou pour répondre aux espoirs placés en moi par d'autres personnes ? » Puis détendez-vous et soyez à l'écoute. Plutôt que de fournir à tout prix des réponses, laissez-les venir à vous, comme surgies du néant.

Si vous souhaitez réellement devenir une personne plus sereine, voilà un bon moyen de démarrer. Tant il est vrai qu'obéir à son cœur est un des fondements de la paix intérieure et de l'épanouissement personnel. Essayez. Vous serez surpris et comblé par les découvertes qui vous attendent.

12

Tenez vos promesses

Aucun livre destiné à améliorer la vie familiale ne serait complet sans quelques lignes sur la nécessité de tenir ses promesses. C'est, à long terme, une stratégie très efficace pour créer un lien permanent avec les êtres qui vous sont chers. Vous pouvez commettre des erreurs à la pelle, mais si vous remplissez vos promesses, vous serez richement récompensé, d'abord par la qualité de vos relations avec les autres, ensuite par la réputation d'intégrité que vous acquerrez. Inversement, si vous manquez à vos engagements, votre entourage – et même votre famille – accordera un crédit de plus en plus réduit à vos propos. Pire, on finira par se défier de vous.

Certes, nul n'est parfait, et il vous arrivera de ne pas tenir vos promesses pour des raisons diverses – vous avez oublié, ou bien un événement aussi inattendu qu'«urgent» s'est présenté. Le plus souvent, cela ne prête pas à conséquence car un homme d'honneur ne se juge pas sur un «sans faute» mais sur une ligne de conduite, illustrée tout au long d'une vie. En d'autres termes, votre objectif n'est pas d'atteindre la perfection mais de respecter au maximum la parole donnée.

Il y a quelque temps, j'ai promis à ma fille d'assister au match de football qu'elle dispute tous les samedis. Mais quelques semaines plus tard, on m'a proposé de participer à une émission de télé très en vue pour présenter *Ne vous noyez pas dans un verre d'eau*. Tout bien pesé, je ne pouvais pas laisser passer une telle occasion. Ma fille a été très déçue. Mais j'ai compris que je n'étais pas un père indigne lorsque, me prenant dans ses bras, elle m'a dit à travers ses larmes :

— Ce n'est pas grave, papa. C'est le premier match que tu manques cette année.

Mon bilan n'était pas parfait – il l'est rarement, en quelque domaine que ce soit – mais il n'était pas mauvais non plus. Quand j'ai dit à ma fille : « Je préférerais vraiment aller te regarder », elle savait que ce n'étaient pas des paroles en l'air, et que je fais de mon mieux pour ne pas me dédire. Comme la majorité d'entre nous, elle n'attend pas des autres la perfection absolue, mais une tendance sincère à la probité.

Il est aussi très important de prendre au mot ce qu'on pourrait appeler les « promesses de convention ». Si, par exemple, vous dites à votre mère : « Je t'appelle demain », faites votre possible pour lui passer un coup de fil. Très souvent, pour nous tirer d'embarras ou pour faire plaisir à notre interlocuteur, nous lançons ainsi des promesses en l'air. En ne les respectant pas, nous annihilons tous les effets positifs de nos bonnes intentions. Nous disons par exemple : « Je passerai dans l'après-midi » ou « J'y serai à 6 heures, dernier carat ». Mais, régulièrement, nous manquons à notre parole. Nous nous trouvons toujours des excuses : « J'ai essayé, mais je suis vraiment débordé. » Ce n'est qu'une maigre consolation pour la personne qui avait pris nos propos pour argent comptant…

Je suis d'avis qu'il vaut mieux s'abstenir de toute promesse, à moins d'être relativement certain de pouvoir la remplir. Si vous n'êtes pas sûr de rendre tel ou tel service à quelqu'un, n'en parlez pas. Faites-lui plutôt la surprise. Et si vous doutez de pouvoir passer ou appeler, alors n'en dites rien.

En étant fidèle à notre parole, nous aidons nos proches à ne pas succomber au cynisme sur la nature humaine. Nous leur montrons, preuve à l'appui, qu'on peut faire confiance à certaines personnes. Vous serez heureusement surpris de voir à quel point vous montez dans l'estime des gens quand vous vous acquittez de vos promesses. Votre vie domestique et familiale s'en trouvera améliorée.

13

Achetez un objet, jetez-en un autre

S i vous vivez seul, cette stratégie est facile à mettre en œuvre. Si vous avez un conjoint, c'est déjà plus difficile. Si vous avez une famille, cela devient compliqué. Mais quels que soient votre situation et le nombre de personnes qui vivent sous votre toit, cette technique mérite vos efforts car elle vous assure une vie plus organisée.

Son principe dérive de notre tendance quasi universelle à remplir nos maisons à ras bord. C'est un problème qui se pose à tous, quels que soient leurs revenus, la taille de leur habitation, leur pays d'origine ou leur religion. Cet entassement perpétuel est source d'irritation car on finit par ne plus savoir où ranger ni où trouver les choses. Par ailleurs, le fait de vivre dans un environnement trop encombré, entre des murs « trop étroits », peut avoir un impact sur votre mental : vous avez l'impression d'étouffer, d'être écrasé.

La plupart des gens utilisent leur volume de rangement jusqu'à sa capacité maximale. Si vous avez deux placards dans votre appartement, il y a fort à parier qu'ils sont tous les deux pleins. Si vous en possédez trois, ils le sont sans doute tout autant. Peu importe la place dont nous disposons, nous trouvons toujours le moyen de l'occuper. Tout irait pour le mieux si nous n'achetions plus jamais rien ou si personne ne nous faisait plus de cadeaux. Mais ce n'est pas le cas. Nous emmagasinons sans cesse de nouveaux objets, neufs ou anciens.

Où caser tout ce fourbi ? La plupart du temps, on arrange le « bazar » existant pour faire de la place au nouvel arrivant. Plutôt que d'éliminer certaines vieilleries, nous essayons de réorganiser, nous empilons les choses les unes sur les autres. Nous remplissons notre grenier, notre garage ou nos étagères. Certains louent même des garde-meubles. Plusieurs raisons à cette manie de tout garder : l'habitude, la nostalgie ou la peur de manquer un jour de ces objets.

La solution, si elle requiert un peu de discipline, est à la fois simple et efficace à presque cent pour cent. Lorsque vous constatez que vous êtes parvenu à saturation, prenez la résolution suivante : pour chaque nouvel objet introduit dans la maison, un autre doit disparaître. Imaginons par exemple que votre fille de cinq ans reçoive deux nouveaux nounours pour son anniversaire. Selon les termes de cette stratégie, vous et votre fille devez choisir deux jouets plus anciens qu'il va falloir donner afin de créer l'espace nécessaire pour accueillir les petits nouveaux. Cette méthode a plusieurs conséquences. Tout d'abord, elle maintient à un niveau stable le nombre d'objets dans la maison. Vous créez de l'espace pour les nouveaux objets en enlevant ceux dont vous n'avez plus l'usage. En prime, vous réduisez vos dépenses : désormais, vous y réfléchissez à deux fois avant de faire de nouveaux achats parce que vous savez que vous serez obligé de vous débarrasser de quelque chose. En outre, vous donnez à votre enfant un bon exemple, en lui montrant qu'il est important de partager ses affaires avec d'autres gens, peut-être moins fortunés. Vous pouvez lui expliquer que beaucoup d'enfants n'ont pas de jouets et que leur en donner contribue à égayer leur existence. Ce principe s'applique d'ailleurs non seulement aux nounours mais aux vêtements, aux Tupperware comme aux chaises.

Évidemment, il y a des exceptions à la règle. Si vous n'êtes pas très riche en mobilier, il serait absurde de vous débarrasser de certaines choses qui vous sont effectivement nécessaires. De même, si vous avez vraiment envie d'une nouvelle paire de jeans, ou si votre enfant a peu de jouets, il n'est pas nécessaire d'appliquer cette stratégie à la lettre. Toutefois, vous conviendrez que, dans bien des cas, nous ne manquons de rien. Vous apprendrez alors à apprécier cette méthode. Votre maison ne sera plus aussi encombrée, quels que soient les nouveaux arrivages ; vous serez heureux de savoir que des personnes dans le besoin se servent des objets qui auraient mobilisé de la place dans vos placards. Voilà une solution efficace à un problème quasi universel.

14

Encouragez l'ennui chez vos enfants

Pour un père ou une mère, il est plus qu'exaspérant d'entendre ces mots dans la bouche de leurs enfants : «Je m'ennuie» ou : «Je n'ai rien à faire.» C'est surtout vrai des parents qui font leur possible afin de fournir à leur progéniture un vaste choix d'expériences et d'activités. De façon ironique et paradoxale, ce sont même souvent ceux qui font le plus d'efforts dans ce domaine qui sont les plus exposés à ces lamentations.

Les enfants qui ont trop de choses à faire, trop d'activités programmées, sont souvent ceux qui souffrent le plus de l'ennui. En effet, ils sont habitués à être distraits et stimulés quasiment à chaque minute de la journée. Ils courent sans répit d'une occupation à l'autre et leur emploi du temps est aussi chargé que celui de leurs parents! Évidemment, quand il ne se passe rien, ils se morfondent et tournent en rond comme des écureuils en cage. Beaucoup d'enfants s'imaginent déjà qu'ils ne peuvent pas vivre sans un téléphone en main, sans une télévision ou une radio allumée à toute heure, sans un ordinateur ou une console de jeux pour les distraire.

La solution ne consiste pas à les gaver de suggestions pour tromper leur ennui. De toute façon, la plupart du temps, ils les rejetteront avec une moue blasée. Pire, à long terme, vous leur rendriez un très mauvais service. En effet, par vos conseils, vous aggraveriez le problème en laissant entendre que les enfants ont réellement besoin d'être occupés à chaque minute de la journée.

Une solution formidable (et qui les surprendra) consiste à répondre, à un « je m'ennuie » désabusé, par un « parfait, continue comme ça » plein d'assurance. Vous pouvez même ajouter : « Ça ne te fait pas mal de t'ennuyer de temps en temps. » Au bout de trois ou quatre fois, ils renonceront, je vous le garantis, à l'idée qu'il est de votre responsabilité de les tenir occupés en permanence. Une vertu cachée de cette méthode est qu'elle encourage vos enfants à une plus grande créativité en les obligeant à inventer eux-mêmes de nouveaux jeux.

Évidemment, on ne saurait recourir de façon systématique à cette méthode. Il n'est pas non plus question de vous désintéresser des activités de vos enfants. Le problème abordé ici, c'est celui de trouver une réponse à l'excès de stimulation : vous savez pertinemment que vos enfants ont des tas de choses à faire et que leur ennui vient d'eux, pas du manque de possibilités. Vous apprécierez, j'en suis sûr, cette autorité retrouvée que vous ressentirez en renvoyant le problème de l'ennui à sa place – dans le camp de vos enfants. Qui plus est, vous leur rendrez un immense service en leur apprenant qu'il est parfaitement normal d'avoir des moments de creux dans la journée. Il n'est pas mauvais de s'ennuyer de temps à autre.

15

Attendez-vous que
le verre se renverse !

J'ai appris ce truc il y a une vingtaine d'années. Au fil du temps, il s'est avéré extrêmement efficace pour créer un climat familial paisible.

Cette stratégie repose sur une évidence : quand un événement est prévu, nous sommes par définition moins surpris lorsqu'il survient et donc nos réactions sont plus mesurées. En outre, quand nous pressentons un incident – ce verre de lait qui menace de se renverser – et que le pire ne se produit pas, nous en remercions le ciel. Nous prenons conscience que le contenu de nos verres et de nos assiettes ne finit pas forcément par terre et que, globalement, la vie est un fleuve tranquille. Si nous sommes souvent pessimistes, c'est que nous avons tendance à nous focaliser sur les exceptions à la règle.

Pensez à la dernière fois où un membre de votre famille a renversé un verre de lait ou une tasse de café sur la moquette. Comment avez-vous réagi ? Il y a eu probablement des cris de panique, beaucoup d'énervement et de jérémiades. Tout cela parce que vous partez du principe que rien ne devrait jamais être renversé. Et si au contraire vous vous attendiez à ces petites catastrophes de la vie quotidienne ? Si vous les acceptiez comme inéluctables ? Vous auriez alors une approche complètement différente des mêmes faits. Je ne vous demande pas d'applaudir des deux mains quand un incident survient, mais tâchez de le considérer à sa juste mesure : acceptez-le comme une péripétie sans gravité. Évidemment, vous ne savez pas quand il va se produire, mais seulement qu'il surviendra à un moment donné, selon toute probabilité. Ce sera peut-être plus tard dans la journée, ou la semaine prochaine, ou dans trois ans, mais, à moins que vous ne soyez une personne exceptionnelle, vous renverserez un verre chez vous un jour ou l'autre. Cette stratégie vous prépare à cet incident inévitable, et elle peut être facilement étendue à presque tous les petits désagréments de la maison – un appareil qui refuse de fonctionner, un bibelot qui se casse, un dégât des eaux, un membre de la famille qui tire au flanc, etc. Quand vous vous attendez qu'une chose arrive, elle ne vous prendra pas au dépourvu le moment venu. Voilà la principale leçon à retenir. Et ne craignez pas d'attirer les ennuis. Car on prétend souvent qu'à force d'attendre un pépin, il finit toujours par se produire. Rien n'est plus faux. Il ne s'agit pas ici de « visualiser » un événement ou de l'encourager d'aucune façon. La clé du problème, c'est « l'acceptation » : accepter les choses telles qu'elles sont au lieu de rêver un bonheur irréaliste, un monde idéal où chaque chose correspondrait à nos désirs. Observez ce qui se passe en vous lorsque vous avez intégré le fait que le verre de lait sera un jour renversé. Je parie que vous vous sentirez beaucoup plus détendu la prochaine fois que cela se produira.

16

Laissez des « blancs » dans votre agenda

Il ne faut jamais abuser des bonnes choses. Vous avez beau être une personne sociable, reconnaissez pourtant qu'il y a quelque chose de magique et d'apaisant à découvrir sur son agenda des espaces vierges, du temps non programmé. Ces « blancs » vous permettent de rattraper un retard, de vous refaire une santé ou simplement de vous tourner les pouces. Ils contribuent ainsi à vous procurer un sentiment de paix – la sensation que vous avez du temps devant vous.

Si vous attendez que tout soit bouclé avant de vous accorder un peu de répit, vous n'aurez pas souvent l'occasion de souffler. Bien au contraire, votre emploi du temps sera constamment pris d'assaut par de nouveaux engagements. Votre conjoint et vos enfants (si vous en avez) se feront un devoir de vous bombarder de sollicitations diverses. Les amis et les voisins ne s'en priveront pas non plus. Il faut compter avec les obligations sociales aussi, et avec le travail, qui fournit également son lot de demandes. Avec en prime les démarcheurs à domicile ou par téléphone… C'est à croire que tout le monde veut voler un morceau de votre temps. Tout le monde, sauf vous.

Une seule solution : programmez-vous du temps libre avec la même rigueur que lorsque vous prévoyez une visite chez le médecin ou chez votre meilleur ami. Vous prenez rendez-vous et, sauf empêchement, vous vous y tenez ! La meilleure façon de procéder est la plus simple : consultez votre agenda et biffez au crayon une ou plusieurs tranches horaires à l'intérieur desquelles rien ne pourra venir s'insérer.

Quand je regarde mon propre agenda, je remarque que j'ai prévu du temps libre ce vendredi entre 13 heures et 16 heures. Il n'y a rien au programme pendant cette période et, sauf accident, il en restera ainsi. Cela signifie que si on me demande de faire quelque chose pendant cette tranche horaire – une interview pour une émission de radio, un client qui a besoin d'un conseil, un coup de fil à passer –, je n'y suis pour personne ! J'ai d'autres projets. Et des projets qui me concernent. Plus tard dans le mois, j'ai bloqué une journée entière. Celle-là aussi est sacrée, et je peux presque garantir que rien ne viendra la troubler.

Comme vous l'imaginez, cela nécessite un peu de pratique. Quand j'ai commencé à me programmer du temps libre il y a quelques années, j'avais toujours peur de laisser passer un beau contrat ou bien d'être considéré comme un horrible égoïste. J'avais un mal fou à répondre : « Désolé, je n'ai pas le temps », alors que j'avais cette case vide sur mon agenda ! Pourtant, je me suis rendu compte d'une chose : j'avais bien mérité ce jardin secret. Pourquoi n'en irait-il pas de même pour vous ?

Aujourd'hui, cet « espace vierge » est devenu un des pivots essentiels sur mon agenda. J'ai appris à le protéger. Cela ne signifie pas que mon travail est moins important à mes yeux, ou que le temps passé en famille n'est pas prioritaire. Mais ces plages de liberté me procurent un équilibre nécessaire.

Je vous incite à commencer sans tarder. Regardez votre agenda et choisissez un jour fixe – une fois par semaine, ou même une fois par mois pour débuter. Réservez-vous du temps libre, ne serait-ce que deux ou trois heures. Puis, lorsque les demandes affluent, ne sacrifiez en aucun cas cette période sacrée. Accordez de la valeur à votre temps. Et ne vous inquiétez pas. Vous ne deviendrez pas pour autant un affreux égoïste. En fait, c'est tout le contraire qui va se produire. En reprenant possession de votre vie, vous allez découvrir que vous êtes bien plus disponible aux besoins de votre entourage. Quand on a son dû, il devient plus facile de donner aux autres.

17

N'attendez pas les mauvaises nouvelles
pour profiter de la vie

Un jour viendra où un médecin nous annoncera que nous sommes condamnés, qu'il ne nous reste que quelques mois à vivre. Le premier choc passé, il se produira en nous un changement intéressant : nous réévaluerons à la hausse notre ordinaire. Les choses que nous considérions comme banales – les rires, la nature, les amis, la famille, notre maison – nous apparaîtront soudain plus précieuses. Chaque jour sera vécu comme un don, comme un miracle. Tous ces pépins qui hier nous agaçaient tant nous sembleront mériter à peine notre attention. Les petits désagréments sur lesquels nous faisions souvent une fixation vont sombrer dans l'insignifiance. Nous ne penserons plus qu'au fabuleux don de la vie.

Nous savons, avec une certitude relative, que nous réagirons ainsi, comme ont réagi des millions de gens avant nous. Alors quel intérêt trouvons-nous à toujours attendre pour profiter pleinement de la vie ? Au lieu de différer votre plaisir, pourquoi ne pas commencer dès maintenant à considérer la vie comme un trésor, sans attendre qu'une bien triste nouvelle ne vienne nous en rappeler toute la valeur ? Le seul fait d'être vivant est en soi une bénédiction.

C'est une grande source d'enseignement que de garder à l'esprit le caractère fragile et éphémère de l'existence. Pensez avec quelle rapidité tout peut basculer : un jour vous avez un conjoint ou un enfant, le lendemain il a disparu. Vous croyez vivre centenaire – et dans l'heure qui suit on vous assène qu'il vous reste six mois à vivre. Un matin vous faites votre jogging quotidien – le soir un accident de voiture vous cloue dans un fauteuil roulant. Un jour vous possédez une maison – le lendemain un incendie la réduit en cendres…

Il y a deux façons de considérer la contingence et la brièveté de la vie. D'un côté, vous pouvez être effrayé par les bouleversements qui vous guettent. D'un autre côté, plus positif, vous pouvez utiliser cette incertitude comme un appel constant à la reconnaissance.

Nous sommes tellement habitués à notre demeure, nous y passons tellement de temps, qu'il est facile de considérer comme acquis nos biens, notre environnement, notre sécurité, notre confort et tout ce que la vie domestique peut nous offrir. Pour lutter contre cette tendance, il est essentiel de ne jamais oublier la chance qui est la nôtre d'avoir un foyer, aussi modeste soit-il.

Chaque jour, prenez le temps d'y réfléchir. Quelques minutes à peine suffiront largement. Exprimez votre gratitude pour le rôle important que joue cette maison dans votre existence. Au lieu d'attendre qu'une mauvaise nouvelle vous tombe sur la tête pour apprécier la valeur de la vie, pourquoi ne pas commencer à en prendre conscience dès aujourd'hui ? Vous connaîtrez une joie formidable. Essayez. Je parie que vous avez plus de raisons de remercier le ciel que vous ne croyez.

18

Vous êtes débordé ? Alors souriez

'autre jour, ma femme Kris et moi avons été pris d'un de ces fous rires où l'on se tient les côtes à en pleurer. Kris venait de dire quelque chose comme : « C'est Dieu qui nous fait une blague ! » Nous avions passé tous les deux plusieurs heures à tout ranger et tout astiquer dans la maison, et pourtant, malgré nos efforts, nous avions l'impression d'avancer à reculons !

Je vous rassure, nous ne sommes pas complètement manchots. En fait, on peut même dire que nous avons un sacré coup de main pour le ménage. Le problème, c'est que nos deux filles avaient invité chacune une amie à dormir à la maison. Un des enfants avait laissé des empreintes de pieds boueuses sur le carrelage de la cuisine pendant que Kris rangeait les placards. (Le coupable avait apparemment oublié que les chaussures sont interdites dans la maison.) Deux autres avaient cherché un jouet dans la chambre de Kenna quand le contenu du placard s'était soudain déversé par terre. Pendant ce temps, j'étais dans le grenier, occupé à mettre en cartons certains objets que nous voulions donner, quand mon pied est passé à travers le plancher, perçant un gros trou dans le plafond de la chambre en dessous ! Bref, le chaos semblait régner dans toutes les pièces. De toute évidence, c'était « un jour sans ». Vous avez dû connaître des moments semblables chez vous…

Dans ces cas-là, il est tentant de laisser exploser sa colère. Par réflexe, nous nous persuadons que la vie est vraiment trop injuste et que tous nos efforts sont inutiles. Souvent, dans un moment d'énervement, nous passons en revue mentalement toutes les fois où cette situation s'est déjà produite par le passé et les chances qu'elle a de se reproduire à l'avenir. Inutile de dire que ce ressassement ne fait rien pour améliorer les choses.

Un des moyens les plus efficaces pour éviter de se laisser déborder, c'est de prendre du recul vis-à-vis de la situation et d'en percevoir l'aspect comique. Comme l'a dit Kris : « Si quelqu'un nous observait en cachette, il serait plié en quatre de rire ! » Aussitôt, nous avons porté un regard différent, plus ironique, sur toute la scène.

Est-ce à dire que cette pagaille générale nous était indifférente ? Absolument pas. Autant l'avouer, Kris et moi sommes des maniaques de la propreté. Nous tenons tous les deux à avoir une maison propre et bien entretenue. Mais il y a des moments où vous perdez le contrôle de votre environnement – surtout quand vous avez un ou plusieurs enfants. Il y a trop de monde dans votre espace vital, ou bien trop de choses s'y passent à la fois, ou vous n'avez pas assez de temps, etc. Je ne dis pas cela pour que vous partiez battus d'avance, mais pour vous rappeler que nous sommes tous humains, donc imparfaits. À l'impossible nul n'est tenu !

Quand vous réussissez à sourire de la vanité de vos efforts, vous actionnez une soupape qui vous libère d'une trop forte pression. Au lieu de vous agiter en tous sens pour que « tout brille », vous pourrez peut-être vous réconcilier avec l'idée qu'il y aura à nouveau de la poussière dans un jour ou deux sur cette commode que vous venez d'épousseter. Certes, l'humour ne passera pas la serpillière dans votre maison, mais il vous donnera du recul et vous soulagera. Sans minimiser le poids de vos responsabilités, il vous rappelle de ne pas les prendre trop au sérieux.

19

Demandez-vous : « Quels messages est-ce que j'envoie à mes enfants ? »

Parmi les livres de conseils destinés aux parents, j'ai un faible pour celui du Dr Wane Dyer, qui s'intitule *Que voulez-vous vraiment pour vos enfants ?* Le Dr Dyer incite les parents à s'interroger sur l'enseignement qu'ils souhaitent transmettre à leur progéniture. Ils doivent pour cela examiner avec soin les messages cachés qu'ils leur adressent à travers leur comportement. Selon le Dr Dyer, ce moyen de communication informel avec nos enfants peut contrarier le développement de valeurs universellement admirées, comme la patience, l'autonomie ou le goût de l'entreprise.

Par exemple, il nous arrive d'exiger de nos enfants qu'ils se taisent… mais nous le faisons en haussant le ton ! Nous voulons que nos enfants apprennent à se débrouiller seuls, et pourtant nous rangeons nous-mêmes leur chambre ou bien nous refusons qu'ils prennent le moindre risque. Nous leur demandons de se calmer, alors même que nous avons les nerfs en pelote. Nous aimerions qu'ils donnent un coup de main à la maison, et pourtant nous les grondons à la première maladresse. On le voit, les exemples ne manquent pas : nous voulons encourager un certain type de comportement et pourtant nous envoyons un message qui va dans le sens contraire.

Tout vient de ce que nous ressentons. Nous montrons-nous tendus et agressifs ou calmes et disponibles ? Sommes-nous patients ou exigeants ? Savons-nous bien écouter ? Sommes-nous attentifs à notre femme, nos amis et nos enfants, ou bien avons-nous tendance à les interrompre et à finir leurs phrases ? Dans ce cas, il ne faut pas s'étonner que nos chères têtes blondes aient quelque difficulté à prendre nos conseils au sérieux…

Kris et moi nous efforçons d'inculquer des messages positifs à nos deux filles. Par exemple, nous avons pris la décision réfléchie de conserver une relation de couple vibrante. Nous passons beaucoup de temps ensemble, et nous sortons régulièrement tous les deux. Non seulement nous avons envie de profiter de notre relation, mais nous voulons que nos enfants grandissent en sachant que leurs parents s'aiment sincèrement : il ne s'agit pas simplement de leur expliquer ce que peut être un couple harmonieux, mais de le leur démontrer « sur pièces », par nos actes.

Il nous reste encore à corriger certains points, notamment notre tendance à la précipitation. Nous qui sommes pourtant si agacés quand nos enfants témoignent de l'impatience ! Mais au fond, c'est une nouvelle preuve, s'il en était besoin, que l'ambiance générale de la maison est directement affectée par les messages comportementaux que nous adressons à nos enfants.

Surveillez bien ces messages. Il y a sans doute des tas de domaines où vous réussissez bien, et d'autres où vous avez besoin de progresser. Que cela ne vous trouble pas : bienvenue au vaste club de l'humanité ! L'essentiel, c'est de prendre conscience de sa responsabilité de « donneur d'exemple ». Tâchez ensuite de vous prendre sur le fait chaque fois que vous envoyez un message qui n'est pas en harmonie avec votre credo. Vous conviendrez bientôt que la question : « Quels messages est-ce que j'envoie à mes enfants ? » est une interrogation cruciale pour tous les parents.

20

Réconciliez-vous avec l'âge ingrat

À première vue, ce conseil peut sembler une gageure, presque une contradiction dans les termes ! Pourtant, je crois sincèrement qu'il est possible, mais aussi très sage, de ne pas prendre en grippe ces années difficiles de la puberté.

Pour cela, il faut bien se rappeler qu'il s'agit d'une phase. Si vous avez passé vingt ans, vous n'êtes déjà plus le même qu'à l'adolescence. Vos critères de valeurs, votre comportement, votre apparence physique, votre éthique du travail, vos objectifs et vos priorités, tout cela a évolué. En ce qui me concerne, je n'ai plus grand-chose à voir avec l'adolescent que j'étais. J'ai changé du tout au tout, sur le plan physique comme moral. Et il en va sans doute de même pour vous. Nous avons traversé une période…

Puisque l'âge ingrat ne dure pas, pourquoi prenons-nous si mal la chose quand il s'agit de nos propres enfants ? En grande partie, précisément, parce que nous en oublions le caractère transitoire. Nous craignons que le comportement et les choix de vie de nos adolescents ne soient permanents, gravés dans le marbre. D'une certaine façon, nous ne leur faisons pas suffisamment confiance. Je crois que les jeunes le perçoivent et que cela contribue à certains problèmes auxquels la société actuelle est confrontée. Je ne prétends pas que c'est notre faute s'ils sont perturbés. Cependant, je suis à peu près sûr qu'à condition de ne pas rester les bras croisés, nous pouvons faire jaillir le meilleur de nos adolescents… en réduisant du même coup notre angoisse de parents.

Si je suis sorti relativement indemne de ces turbulentes années, c'est en grande partie parce que, à la différence de beaucoup de mes camarades, j'ai senti que mon père et ma mère me faisaient entière confiance. Comme s'ils savaient au fond d'eux-mêmes que j'allais bien malgré tout (même quand je n'en avais pas l'air) et qu'il ne fallait pas s'inquiéter outre mesure. De mon côté, en dépit de mes incartades, je savais que je pouvais compter sur l'amour de mes parents. Cette certitude m'a donné la force dont j'avais besoin pour sortir de cette phase.

Depuis, j'ai remarqué un schéma comparable dans ces foyers (trop rares) où parents et enfants vivent en bonne intelligence. Dans pratiquement tous les cas, les adolescents qui sont le mieux dans leur peau sont aussi ceux qui bénéficient de la confiance de leurs parents. Bien sûr, on pourrait me renvoyer la balle : « Il est facile d'avoir confiance dans un jeune qui est bien dans sa tête. » Et il y a sans doute du vrai là-dedans… Mais quoi qu'il en soit, retenons qu'il est essentiel de témoigner notre amour à nos enfants si on veut leur assurer un développement équilibré. Ce n'est pas parce que vous ne savez pas qui était le premier, de l'œuf ou de la poule, qu'il faut arrêter de lui donner du grain…

Voyez comme vous réussissez mieux dans vos entreprises quand on croit en vous et que vous vous sentez soutenu. C'est la même chose pour les adolescents. Quand ils se savent appréciés, ils s'efforcent de répondre aux attentes. Seulement attention, l'inverse est aussi vrai : quand un adolescent se sent rejeté, il a tendance à confirmer les mauvais jugements qu'on porte sur lui.

Je ne prétends pas qu'il soit facile d'apprécier l'âge ingrat. Mais si vous y pensez comme à une phase passagère, le combat sera presque gagné d'avance…

21

Ne laissez pas la moutarde
vous monter au nez !

Voici un exercice amusant à pratiquer si vous avez des enfants, mais aussi très salutaire si vous n'en avez pas.

Le « plan antimoutarde » peut s'appliquer à presque toutes les situations – les enfants qui se chamaillent ou qui demandent votre attention, une chambre en désordre, un toit qui fuit, un chien qui aboie, des toilettes bouchées, ou un conjoint qui ronfle.

Nos accès de colère s'expliquent souvent (pas toujours) par une réaction impulsive à des événements qui échappent largement à notre contrôle. Vos enfants se battent, par exemple, et vous avez l'impression qu'ils vont vous rendre fou. Votre premier réflexe est souvent de vous fâcher tout rouge et de les consigner dans leur chambre. Puis vous justifiez votre réaction en vous disant : « De toute façon, c'est chaque fois pareil », « Quel enfer d'élever des enfants ! » ou toute autre remarque de ce type. Vous amplifiez le problème en le décortiquant sans fin. Bientôt, cette vulgaire taupinière s'élève à l'altitude d'une montagne…

Il est tout à fait possible de former votre esprit à réagir de manière moins violente aux circonstances parfois pénibles de la vie quotidienne. Refuser que la moutarde vous monte au nez, ce n'est pas nier l'irritation que vous ressentez. Il s'agit de rééduquer votre esprit afin qu'il traite différemment des données identiques. Lorsque vous sentez pointer à l'horizon un scénario qui d'ordinaire vous fait prendre le mors aux dents, dites-vous à plusieurs reprises : « Je ne vais pas me laisser déranger par cet incident. »

Au début, cette méthode peut paraître un peu superficielle. Après tout, se répéter qu'on ne va pas s'énerver, c'est un peu comme se dire qu'on se porte comme un charme alors qu'on est cloué au lit avec la grippe ! Mais essayez et vous verrez que cette technique est d'une efficacité étonnante. Donnez-lui du temps. Par le seul fait d'anticiper vos réponses à la vie, vous éliminez le danger potentiel des réactions à la hussarde, *ex abrupto*. Vous saurez par avance comment vous allez réagir. Les péripéties de la vie deviennent alors des séances d'entraînement. De cette façon, vous transformez ce qui aurait pu être une corvée en un exercice ludique.

Cette stratégie a accompli des miracles avec mes deux enfants ! Comme la plupart des parents, je me suis souvent laissé emporter par la colère. Mais lorsque j'applique cette méthode, les réflexes négatifs, nés de l'habitude, semblent se dissoudre d'eux-mêmes. L'autre jour, mes filles se sont lancées dans une de leurs disputes, ponctuée de hurlements et d'accusations réciproques. J'ai vu venir la crise et je me suis dit en mon for intérieur : « Je refuse de me laisser démonter par cette bagarre qui s'annonce. » Résultat, j'ai obtenu ce moment rare dont rêve tout parent – des enfants muets de stupeur ! Je me suis assis d'un air détaché sur le divan, sans jamais lever les yeux de mon livre, ne serait-ce qu'une fraction de seconde. Deux minutes plus tard, mes deux filles étaient absolument silencieuses : elles se demandaient quelle mouche *ne* m'avait pas piqué ! Leur colère s'est évanouie comme par enchantement, sans que j'aie eu à m'en mêler. Nous avons pu ensuite profiter agréablement de l'après-midi. Cette stratégie va vous combler d'aise !

22

Ne manquez jamais une occasion
de dire « Je t'aime »

J'entends très souvent mes patients regretter que leurs parents (ou leur conjoint) ne leur disent jamais, ou très rarement, « Je t'aime ». Inversement, je n'ai jamais entendu une seule personne se plaindre que ses parents, ou quiconque d'autre, le leur répétaient trop souvent.

Il n'y a rien de plus facile que de dire « Je t'aime ». Malheureusement, pour diverses raisons, beaucoup de gens s'en abstiennent. Peut-être s'imaginent-ils que leurs proches n'ont pas besoin d'entendre cette confirmation, qu'ils n'en ont pas envie, ou bien qu'ils ne les croiraient pas. À moins que ce ne soit par timidité ou par refus de l'épanchement. Quoi qu'il en soit, aucun de ces prétextes ne tient la route. Il y a trop d'excellentes raisons de faire savoir aux gens de votre entourage que vous les aimez.

Peu importe que vous ayez vous-même entendu ou non ces mots dans votre vie. L'essentiel, c'est que dire « Je t'aime » fait du bien aux gens. Cela leur rappelle qu'ils ne sont pas seuls sur terre et qu'ils comptent à vos yeux. Cela augmente leur confiance en eux – et cela vous fait du bien, à vous aussi ! Dans notre famille, beaucoup d'aspects laissent sans doute à désirer. Mais il y a un point sur lequel nous sommes irréprochables : nous n'hésitons jamais à nous dire mutuellement combien nous nous aimons. C'est simple, sans douleur, et gratuit. Peu de mots sont dotés d'une telle puissance. Les personnes qui se savent aimées (parce qu'on le leur dit) sont capables, en retour, d'offrir leur amour au monde. Elles possèdent une force tranquille et une forme de paix intérieure.

J'ai la ferme conviction qu'un individu comblé sur le plan émotionnel aura une inclination naturelle à redonner aux autres. Lorsque le tonneau est rempli, le trop-plein peut se déverser alentour. Ainsi, en disant « Je t'aime » à une personne, c'est le monde entier que vous aidez indirectement. Certes, on ne peut pas garantir qu'une personne va se sentir appréciée pour autant. Mais la meilleure façon de mettre les chances du bon côté, c'est de le lui dire, et de le lui répéter. Prononcer avec sincérité les mots « Je t'aime » peut suffire à effacer certaines de vos erreurs aux yeux de votre entourage. Quand j'ai connu des moments difficiles avec mes enfants, j'ai ouvert la porte à un pardon réciproque en leur exprimant mon amour. Et nous avons pu ainsi aller de l'avant.

Sur un plan plus égoïste, dire « Je t'aime » a aussi quelques avantages. D'abord, cela vous met du baume au cœur. Puisque donner et recevoir sont deux côtés d'une même médaille, dire « Je t'aime » compense le besoin que vous pouvez avoir d'entendre ces mots. Tout don contient en soi sa propre récompense. Rien n'est plus vrai. Et prononcer ces mots d'amour est sans doute la forme de don la plus simple et la plus évidente.

Les occasions ne manquent pas pour vous déclarer : quand vous rentrez à la maison, juste avant de partir, avant de vous coucher, en ouvrant les yeux le matin… Dans notre famille, nous avons pris l'habitude de nous dire « Je t'aime » avant de raccrocher le téléphone, ou avant de commencer un repas. Les possibilités sont multiples. C'est là une stratégie des plus aisées à mettre en œuvre – et, tout bien considéré, une des plus importantes.

23

Remettez le compteur à zéro !

D ans chaque maison, il y a des signaux d'alarme qui annoncent l'irruption du chaos. Malheureusement, nous y prêtons rarement attention. Au contraire, nous continuons comme si de rien n'était, jusqu'à ce que nous soyons noyés dans le brouhaha. Nous pourrions nous épargner une bonne partie de ce désagrément en guettant ces avertissements et en apprenant à les utiliser comme les commandes de remise à zéro de nos appareils hi-fi ou électroménagers.

Chez nous, par exemple, un signal d'alarme s'allume quand nous sommes tous les quatre pressés. Chacun s'agite en tous sens et un vent de panique souffle dans la maison. Nous avons appris à identifier cette sensation et à en faire un bouton de remise à zéro. Autrement dit, le premier d'entre nous qui repère cette tension va lancer une phrase du genre : « Attention, voilà que ça recommence. » Cette simple mise en garde nous permet de ralentir le rythme et de souffler un bon coup.

Grâce à cette méthode, nous pouvons prendre du recul, remettre les pendules à l'heure et repartir sur de meilleures bases. Quand par malheur nous passons outre, l'atmosphère dans la maison devient de plus en plus délétère et il s'ensuit généralement une grande confusion.

Les disputes entre enfants constituent un autre signal d'alerte. Vous pouvez en faire une occasion de remise à zéro. Agissez avant que la dispute ne prenne des proportions incontrôlables et qu'on en vienne aux mains. Remettez la « balle au centre ». Si vous n'avez qu'un enfant, vous pouvez considérer ses jérémiades comme le signe annonciateur d'une crise. Et si vous vivez seul, la remise à zéro peut intervenir quand vous avez trop de rendez-vous sur votre agenda, ou quand la vaisselle s'amoncelle dans l'évier. La liste est longue et, de toute façon, les « voyants lumineux » vous seront personnels. Le principe, c'est de voir le stress se profiler à l'horizon pour mieux l'étouffer dans l'œuf.

Pensez à votre foyer. Est-ce qu'il y a des situations récurrentes, génératrices de stress ? Dans ce cas, quels en sont les signes avant-coureurs ? Pour peu que vous y prêtiez attention, vous constaterez probablement qu'ils ne manquent pas. L'astuce consiste à les utiliser à votre profit. Servez-vous-en comme d'un bouton de remise à zéro. Vous verrez diminuer le niveau de stress chez vous.

24

Choisissez la « simplicité volontaire »

Aux États-Unis, un mouvement de plus en plus populaire, issu de la base, se développe rapidement parmi
des groupes sociaux très divers. Il s'intitule la « simplicité volontaire ». Comme ce nom l'indique, il s'agit de se simplifier la vie par choix plus que par nécessité. Les partisans de
cette nouvelle tendance se proposent de fixer un plafond à
leurs désirs, non par contrainte, mais de manière délibérée –
parce qu'ils sentent le potentiel de sagesse qu'il y a à modérer
leurs envies afin de mieux profiter de ce dont ils disposent. En
optant pour la voie de la simplicité, on libère du temps, de
l'argent et de l'énergie – toutes choses qui sont alors redistri-
buées au profit de chaque individu comme du noyau familial.

Nombreux sont ceux (et j'en fais partie) qui se sont rendu
compte que la course à la consommation, sur des sentiers mille
fois battus, est en fait contre-productive, en plus d'être stressante et absorbante. L'homme moderne est tombé dans un
piège qui consiste à tenter de satisfaire de « faux besoins », toujours croissants. C'est à croire qu'il a calqué son mode de fonctionnement sur le « Monsieur Plus » de la réclame – il veut plus
de noisettes, plus d'objets, plus d'activités, plus de sensations
fortes, etc. Mais est-il dans le vrai ? La sagesse populaire ne dit-
elle pas avec raison que le mieux est l'ennemi du bien ?

En suivant cette pente néfaste, il arrive un moment où vous
devenez si occupé que cela vous empêche de profiter de la
vie. Vous avez l'impression de ne plus avoir une minute à

perdre. Vous sautez d'une activité à l'autre, en général plus intéressé par « ce qui vient ensuite » que par ce que vous faites dans l'instant. Vous rêvez d'un appartement plus grand, d'une voiture plus puissante, de vêtements plus chics, etc. Peu importent les biens que vous possédez déjà, ils ne sont jamais suffisants. Votre appétit devient insatiable.

Notons que cette aspiration à une vie simplifiée ne trouve pas seulement un écho chez les très riches. En fait, cette sagesse est agréée par des gens de conditions économiques très diverses. Je connais des personnes aux revenus modestes qui ont choisi d'embrasser cette philosophie, et toutes affirment qu'elle a porté ses fruits.

La décision de mener une vie plus simple peut parfois entraîner des changements radicaux, comme préférer un appartement plus petit (et donc moins cher) au lieu de se saigner aux quatre veines pour un appartement spacieux. Ce choix peut vous rendre la vie moins stressante car vous aurez moins de mal à payer le loyer. Dans le même esprit, vous pouvez prendre d'autres décisions : opter pour une nourriture moins abondante ou moins riche, économiser sur l'habillement en passant les vêtements de l'aîné au cadet, refuser de nouvelles activités, etc. Le principe est toujours le même : trouver des solutions qui tendent à rendre votre vie moins compliquée.

Il y a quelques années, j'ai changé de bureau. Cette décision apparemment anodine s'est soldée par plusieurs avantages conséquents. Tout d'abord, le local dans lequel j'ai emménagé était beaucoup moins cher que le premier, ce qui m'a ôté une petite pression financière. En outre, mon nouveau bureau n'est qu'à trois kilomètres de la maison au lieu des vingt kilomètres que je devais parcourir tous les jours. Je n'ai plus désormais une demi-heure de trajet en voiture, mais cinq minutes à peine. Comme je travaille environ cinquante semaines par an, cela correspond à une économie annuelle de quelque deux cents heures ! Mon ancien bureau était sans doute plus prestigieux, mais à quoi bon ? Si j'avais le choix aujourd'hui, je prendrais la même décision.

Acheter une voiture plus modeste représente une économie d'argent et vous épargne quelques visites coûteuses chez le garagiste. Posséder moins de biens, c'est en avoir moins à entretenir et à assurer. Chacun de vos achats à crédit vous vaut une facture de plus à régler tous les mois. Avoir un jardin nécessite du temps pour s'en occuper. Je pourrais multiplier les exemples…

Pour autant, la « simplicité volontaire » n'exige pas que vous renonciez à tous vos biens. Dans certains cas, en effet, il faut acquérir un objet (au lieu de s'en débarrasser) pour se faciliter la vie. Ainsi, je ne pourrais pas concevoir de me défaire de mon ordinateur ou de mon fax. Ce serait me compliquer inutilement l'existence. Sans mon ordinateur, je n'aurais sans doute pas pu écrire ce livre !

La simplicité volontaire n'est pas un vœu de pauvreté. Vous pouvez conduire une voiture de luxe sans renier fondamentalement cet idéal. Vous pouvez posséder et apprécier les jolies choses tout en continuant à mener un train de vie modeste. Il s'agit d'une direction, d'une série de décisions que vous prenez dans le but d'améliorer votre qualité de vie. Le point capital est le suivant : déterminez quelles sont vos priorités. Si vous avez envie de retrouver un peu de temps libre, de l'énergie, une plus grande tranquillité d'esprit, je vous encourage à explorer cette stratégie avec soin.

25

Surveillez vos fréquentations

On reconnaît généralement que nous sommes affectés de manière positive ou négative par les personnes que nous fréquentons. Les enfants le sont par leurs parents (et vice versa), les époux par leur conjoint, et les enfants entre eux. Nous subissons également l'influence de nos collègues de bureau, de nos amis et de nos voisins.

Nous avons parfois peu de contrôle sur les gens que nous fréquentons – au travail par exemple. Dans ce cas, nous sommes obligés de faire contre mauvaise fortune bon cœur. La remarque vaut aussi pour certains membres de la famille. Vous passez du temps avec eux non seulement parce que vous les aimez, mais aussi parce que vous n'avez guère le choix.

Il y a pourtant des cas où nous avons toute liberté de mouvement. C'est vrai notamment pour nos amis et pour les personnes que nous invitons à la maison ou à qui nous parlons au téléphone.

Votre temps et votre énergie sont parmi vos atouts les plus précieux. Il est donc extrêmement important de bien choisir vos fréquentations.

Passez-vous du temps avec des personnes qui vous apportent réellement quelque chose (à vous comme à votre famille) ou bien les choisissez-vous au petit bonheur la chance ? Pour peu que vous soyez honnête avec vous-même, vous risquez d'être surpris par la réponse. Vous entretenez peut-être des

« amitiés » sans trop savoir pourquoi – par paresse, par commodité ou simplement par habitude.

Je ne vous demande pas de rompre ces liens pour en former de nouveaux. Je ne prétends pas non plus que toutes les amitiés fondées sur des expériences anciennes communes sont à rejeter. Je vous encourage simplement à les réévaluer. Observez avec lucidité les sentiments que vous éprouvez quand vous êtes en compagnie d'une personne, et après l'avoir quittée. Est-ce qu'elle vous aide à mûrir ? Ressentez-vous de l'admiration ou du respect à son égard ? Qualifieriez-vous son commerce d'enrichissant ? Partagez-vous les mêmes valeurs ? Sortez-vous satisfait de vos entretiens ? Si tel n'est pas le cas, vous n'êtes pas obligé de rompre les ponts, mais vous pouvez décider d'espacer vos rencontres, ce qui vous donnera le loisir de découvrir de nouvelles têtes, ou de passer plus de temps seul.

Il ne s'agit pas de porter un jugement sur votre entourage. Si vous décidez de moins fréquenter certains individus, cela ne signifie pas pour autant que vous leur retiriez votre estime. Cela ne signifie pas non plus que vous vous jugiez au-dessus d'eux ou que vous niez leurs qualités. Cela veut simplement dire que, tout bien considéré, vous préférez consacrer vos loisirs à vous-même ou à quelqu'un d'autre. Gardez à l'esprit que notre temps est limité : nous n'en aurons sans doute jamais assez.

À nous de faire les meilleurs choix possible. Au cours de ma vie, j'ai rencontré des centaines de personnes que j'aime profondément, pour des raisons diverses, mais avec qui je n'ai pas réellement envie de passer du temps. Et je suis prêt à parier que, pour la plupart, elles éprouvent la même chose à mon égard. J'apprécie les moments de solitude et, si je dois m'en priver, autant que ce soit pour quelqu'un dont j'apprécie réellement la compagnie.

Chacun peut avoir des préférences sur le type de gens qu'il a envie de côtoyer. En général, j'aime autant éviter ceux qui sont irritables, susceptibles ou qui s'apitoient sur leur sort. Cette préférence tient en partie à la conscience que j'ai d'être affecté par mon entourage. Si je passe trop de temps avec des êtres qui se plaignent en permanence, je vais avoir tendance moi aussi à geindre sur mon sort.

Cette stratégie peut jouer un rôle décisif dans l'amélioration de votre qualité de vie. Notre entourage influe considérablement sur notre comportement et notre bien-être. En faisant un tri judicieux, vous chasserez de votre vie bien des complications inutiles.

26

Acceptez les différences

Nous sommes tous uniques. Et nous portons tous un regard différent sur la vie. Nous avons nos préférences, notre interprétation du monde. Élevés dans des circonstances et selon des principes divers, nous avons chacun une manière d'aborder et de résoudre les conflits. Chacun de nous possède sa propre échelle de valeurs, et nous trouvons presque toujours des failles dans le raisonnement ou le comportement d'autrui. En général, nous sommes capables de légitimer notre perception des choses en nous appuyant sur des exemples qui nous donnent raison. Ainsi, notre façon de voir l'existence nous semble toujours logique et incontestable…

Le problème, c'est que tout le monde n'est pas d'accord avec nous.

Notre conjoint, nos enfants, nos amis, nos voisins – et les autres – sont également convaincus de la justesse de leurs opinions ! Vous pouvez parier sans risque de vous tromper que les personnes de votre entourage ne comprendront pas pourquoi vous avez une autre optique. Ils sont même persuadés que, si vous vous rendiez à leurs arguments, tout serait tellement plus simple !

Puisque nous sommes conscients de cette diversité, comment expliquer, dès lors, que nous soyons tellement agacés par nos désaccords ? Pourquoi sommes-nous si prompts à nous fâcher quand une personne que nous connaissons ou que nous aimons exprime une vue éloignée de la nôtre ? Quand elle interprète un événement de manière autre, ou quand elle nous donne tort ? La réponse à ces questions est très simple : nous oublions que nous évoluons tous, sur le plan psychologique, dans des réalités singulières : notre interprétation de la vie et des événements extérieurs a été influencée par un certain nombre de facteurs absolument uniques. Les expériences vécues dans mon enfance comme dans mon existence actuelle ont été et sont toujours différentes des vôtres, si bien que mon regard est légèrement « décalé » par rapport au vôtre. Un incident qui m'indispose pourra vous sembler parfaitement insignifiant – et vice versa.

Le meilleur moyen pour ne plus s'irriter de ces discordances, c'est sans doute de vous rappeler que la richesse de l'humanité réside précisément dans ce chatoiement subtil. Plutôt que de vous en étonner, accueillez-le avec émerveillement. Au lieu de monter sur vos grands chevaux quand une personne vous contredit, essayez de vous répéter : « Bien sûr, c'est normal, elle voit les choses autrement. » Ne vous sentez plus agressé quand votre interprétation d'un événement ne correspond pas à celle de votre interlocuteur ; remerciez plutôt le ciel dans les rares occasions où vos points de vue se rencontrent.

Acceptez les différences. Cela ne signifie pas que votre voix soit négligeable, seulement que vous n'avez pas à vous sentir frustré par la contradiction. Dans certains cas, vous tiendrez même à rester ferme sur vos positions, et c'est votre droit le plus strict, mais vous pouvez le faire dans le respect sincère des opinions adverses. Vous vous épargnerez ainsi une dose de stress et un bon nombre de disputes potentielles. Très souvent, votre interlocuteur percevra cette volonté de conciliation et se montrera aussi moins agressif envers vous. Qui plus est, vous allez vous découvrir un intérêt plus vif pour les avis différents, ce qui vous rendra d'une compagnie plus agréable. Vous apprendrez à faire briller vos interlocuteurs et vous vous montrerez aussi sous votre meilleur jour ! Tout le monde sera gagnant.

Ce simple changement de perspective a consolidé bien des couples, des amitiés et des relations familiales. C'est une stratégie qui rend la vie plus attrayante. Vous auriez tort de vous en priver. À partir d'aujourd'hui, acceptez les différences à bras ouverts. Il n'y a que le premier pas qui coûte.

27

Ne vous rabaissez pas

C'est la triste vérité : un fort pourcentage d'entre nous s'engage dans cette habitude désastreuse qui consiste à se rabaisser perpétuellement et à se complaire dans l'autocritique. Nous disons ou pensons des phrases comme « Je suis trop grosse », « Je ne suis bon à rien » ou « Je me trompe tout le temps ». Vous arrive-t-il, à vous aussi, de céder à cette manie pernicieuse et pourtant si répandue ?

Quand on commence à se dénigrer, on trouve toujours des raisons de le faire, quelles que soient par ailleurs ses qualités objectives. En d'autres termes, nous sommes portés à confirmer ce que nous tenons pour vrai, car notre pensée tend presque toujours à se valider elle-même. Par exemple, si vous êtes obnubilé par ces quelques kilos que vous n'arrivez pas à perdre, vous ne voyez que cet excédent de poids lorsque vous examinez votre silhouette dans le miroir : vous oubliez de vous réjouir du fait que vous êtes en excellente santé. Et si vous vous mettez en tête que vous « détestez les réunions de famille », vous chercherez (et trouverez) des raisons à cette aversion à chaque occasion. Au lieu de profiter de la compagnie de ceux que vous aimez, vous aurez tendance à ne remarquer que la voix de crécelle de tante Sarah ou l'outre-cuidance de votre frère. Vous risquez de faire une fixation sur un membre de la famille qui boit trop ; vous perdez de vue que, dans l'ensemble, votre famille est composée de gens formidables.

Dévalorisez-vous à tout propos, et vous trouverez à coup sûr des reproches à vous adresser, contribuant ainsi à saper votre confiance en vous. Chaque fois que vous mettez l'accent sur tout ce qui ne va pas chez vous, vous renforcez vos défauts au lieu de les corriger. Posez-vous la question : « Pourquoi agir de la sorte, en sachant pertinemment que cela a pour seul résultat de me noircir les idées ? » Votre entourage ne va pas tarder à vous percevoir comme une éternelle victime. Car les gens qui se rabaissent constamment sont souvent considérés comme des ronchons qui ne savent pas apprécier la beauté de la vie. Sans parler du mauvais exemple que vous allez donner à vos enfants… J'espère vous avoir convaincu que l'auto-dénigrement est une très mauvaise solution, aux conséquences graves sur le plan personnel.

Bien sûr, chacun de nous aimerait améliorer certains aspects de sa personnalité. Par exemple, je voudrais, entre autres choses, devenir plus patient que je ne le suis. Je crois que j'ai trop tendance à démarrer au quart de tour (en fait, je ne crois pas, j'en suis sûr !). Mais je ne vois pas la nécessité de me flageller simplement parce que je reconnais que je suis loin d'être parfait. Je ne ferais qu'aggraver le problème. La meilleure solution, c'est de mesurer ma marge de progression pour prendre ensuite l'engagement personnel de persévérer vers mon objectif. Plus je serai indulgent à mon égard, plus il me sera facile de me maintenir sur la voie de l'amélioration.

Quels que soient les problèmes sur lesquels vous travaillez, sachez qu'une des pires choses à faire, c'est de vous infliger des blâmes. Essayez de vous améliorer, reconnaissez vos faiblesses, faites le maximum pour changer – mais soyez indulgent avec vous-même. Ne vous rabaissez pas devant les autres ni même dans le secret de vos pensées. J'espère que vous avez compris à quel point cette autocritique est destructrice. Jetez-la aux orties ! Nul n'est parfait, et ce n'est pas en vous dévalorisant que vous vous consolerez de cette vérité.

28

N'échangez plus vos histoires d'horreur !

Cette stratégie est particulièrement adaptée aux personnes qui vivent sous le même toit. Il est courant pour deux individus, travaillant à l'extérieur ou à domicile, de se retrouver le soir et de passer un moment à échanger ce que j'appelle leurs « histoires d'horreur ». J'entends par là une conversation qui tourne principalement autour de toutes les contrariétés accumulées ce jour-là. On se plaint de la fatigue, on énumère les tuiles qui nous sont tombées sur le coin de la figure, les vexations qu'il a fallu essuyer, les expériences désagréables, on met en cause les enfants difficiles, les patrons au cœur de pierre, etc. Tout se passe comme si nous voulions à tout prix persuader notre mari ou notre épouse que nous menons une vie de chien.

C'est là une très mauvaise habitude, et pour plusieurs raisons. Premièrement, pour la plupart, nous disposons d'un temps compté à passer chaque jour en compagnie des êtres que nous aimons. Il me semble donc que, si nous avons eu une journée difficile, il ne sert à rien de la revivre le soir ! Passer en revue les événements négatifs qui l'ont émaillée revient en effet à les subir une seconde fois. On accroît ainsi son stress et on s'épuise émotionnellement.

Deuxièmement, en se concentrant sur les aspects négatifs de la journée, on ne fait que se prouver le « bien-fondé » de ses récriminations. En d'autres termes, plus vous mettez le doigt sur les pressions et les difficultés de la vie quotidienne, plus vous vous persuadez qu'il est de bon ton d'affecter une mine sérieuse, sinistre et coincée.

Le simple fait de supprimer, ou tout au moins de réduire, la quantité d'énergie que vous dépensez à raconter vos « histoires d'horreur » a l'avantage presque immédiat de vous consoler de votre existence. Non pas que vous n'ayez pas des situations difficiles à gérer – nous en sommes tous là – mais s'appesantir sur elles finit par coûter plus que cela ne rapporte. Dès que vous aurez rompu avec cette habitude, les aspects plus riants de la vie vous sauteront aux yeux. Il vous sera plus facile de penser aux choses qui se sont bien passées, aux facettes de votre existence dont vous êtes fier et qui vous enrichissent. Vous remarquerez aussi que votre conjoint va rapidement se mettre au diapason. La plupart des gens, quand ils cessent de noircir le tableau, découvrent ainsi qu'il est bien plus intéressant et plus amusant de se concentrer sur le positif. De nouvelles directions s'ouvriront dans votre relation, et avec elles de nouveaux centres d'intérêt.

Loin de moi la volonté de suggérer qu'il soit toujours inutile ou inconvenant de partager votre journée – y compris dans ce qu'elle a eu de pire – avec vos proches. De temps à autre, vous pouvez en avoir envie, ou même besoin. Il y a beaucoup d'exceptions à cette stratégie. Ce que je vous suggère cependant, c'est de ne pas abuser de cette tendance. Plutôt que d'en faire un rituel immuable, auquel vous sacrifiez sans réfléchir, essayez de confiner cette revue des « horreurs » à une discussion occasionnelle. Il ne s'agit pas bien sûr d'en arriver à dissimuler ses sentiments réels, mais je me suis aperçu qu'il était souvent très gratifiant de laisser certaines choses désagréables au vestiaire. Avant d'ouvrir la bouche pour narrer vos déboires, demandez-vous : « Que va accomplir cette confidence ? Va-t-elle éclairer notre soirée, ou bien plutôt l'assombrir ? Contribuera-t-elle à nous rapprocher, à renforcer notre intimité, ou ne fera-t-elle que nous rappeler combien la vie est difficile ? »

Malheureusement, nous savons tous déjà que l'existence peut être pénible et épuisante, et qu'il nous faut affronter ces tracas chaque jour que Dieu fait. La véritable question est bien celle-ci : « Est-ce que le fait d'échanger ces détails sordides va y changer quelque chose ? » Et bien que je sois aussi enclin que quiconque à en abuser, j'ai pu observer que, dans la grande majorité des cas, cette fâcheuse manie de partager les soucis quotidiens n'apporte aucun soulagement et qu'elle nuit au contraire à une bonne soirée de détente.

Suivez mon conseil. La prochaine fois que vous avez envie de vous répandre en lamentations sur les épreuves de la journée, retenez-vous. Je suis persuadé que vous vous en porterez bien mieux.

29

Donnez le bon exemple

Une expérience récente avec ma fille de six ans m'a rappelé l'importance de toujours donner le bon exemple. Très attaché au sens civique et au respect de la communauté à laquelle j'appartiens, j'essaie, chaque fois que c'est possible et raisonnable, de ramasser les détritus et de les jeter à la poubelle. J'agis ainsi depuis des années et, de temps à autre, je fais remarquer à mes enfants que nous avons tous un rôle à jouer, même modeste, pour assurer la propreté de nos rues, de nos parcs et de notre quartier.

L'autre jour, Kenna et moi sortions du supermarché et nous nous dirigions vers la voiture. J'avais remarqué quelques déchets par terre. Ce jour-là, pourtant, je ne les ai pas ramassés. Quand je suis arrivé à hauteur de la voiture, j'ai regardé autour de moi : Kenna avait disparu. Inquiet, je me suis retourné et je l'ai vue en train de ramasser les ordures et de les mettre dans la benne. Ce qui m'a touché par-dessus tout, cela a été son commentaire :

— Papa, tu n'as pas oublié quelque chose ?

Que vous ayez des enfants ou non, voilà un bon conseil à garder en mémoire. Consciemment ou pas, nous donnons toujours l'exemple. Nos moindres actes sont observés et enregistrés par notre entourage. Un seul de nos gestes n'aura sans doute pas beaucoup d'effet sur une personne, mais il faut compter avec un effet d'accumulation. C'est à chacun d'entre nous de déterminer quel exemple il veut donner : serons-nous disponible et affectueux, ou bien apathique et égoïste ?

Quand vous avez décidé d'offrir un modèle positif dans divers domaines, vous vous sentez guidé dans votre comportement et vos réactions aux pressions. J'essaie, par exemple, de ne pas m'énerver au volant ou en faisant la queue. Si j'agis de la sorte, c'est d'abord parce que c'est une manière moins stressante d'aborder la vie, mais aussi parce que je tiens à exprimer autour de moi l'idée que la vie n'a pas besoin d'être parfaite pour que je sois serein.

Prêtez attention aux exemples que vous donnez à votre entourage. Est-ce que vous leur envoyez bien le message qui vous tient à cœur ? Quelle que soit la réponse, c'est là une question importante à se poser. Vous serez peut-être conduit à procéder à quelques ajustements, mais votre vie n'en prendra que plus de sens, à vos yeux comme à ceux de vos proches.

30

Agitez le « drapeau blanc » !

La politique du « drapeau blanc » est une expression que j'utilise parfois pour désigner le « lâcher prise », à la maison comme ailleurs. En deux mots, cela veut dire qu'il faut savoir baisser pavillon de bonne grâce lorsqu'on est confronté à une situation chaotique. C'est une forme d'acceptation du monde tel qu'il est, avec lequel on entre en harmonie, au lieu de le combattre pied à pied.

Souvent, en effet, nous ferraillons contre certains faits qui pourtant échappent largement à notre contrôle – le bruit, les commentaires désagréables, les objets perdus, la grossièreté, les défauts, les lavabos bouchés, etc. Nous nous battons bec et ongles, nous nous épuisons en lamentations, avant de nous laisser gagner par la peur… Pourtant, quand vous faites la somme de toute cette agitation et de ce stress, le résultat final est toujours le même : ce qui nous a tant énervés n'a pas reculé d'un pouce. Nous avons beau serrer les poings et les mâchoires, notre attitude belliqueuse ne change rien à l'affaire. Pire, elle ne fait qu'ajouter de l'huile sur le feu !

Cette reddition à laquelle je vous invite n'est pas synonyme de résignation. Il ne s'agit pas de sombrer dans le défaitisme. Non, ce que je vous demande, c'est de renoncer à cette exigence absurde, qui voudrait que les circonstances de la vie épousent étroitement nos désirs. Il y a là une sagesse évidente : vous aurez beau souhaiter que les choses soient différentes, elles ne le sont pas. La réalité est telle qu'elle est. Cela ne signifie pas qu'il faille abandonner toute tentative de réforme et d'amélioration – au contraire, il faut agir résolument partout où cela vous semble nécessaire. La politique du «drapeau blanc», quant à elle, se propose de mettre un terme à la frustration que vous éprouvez devant l'absence d'adéquation entre la réalité et vos espérances.

Pour bien mener cette stratégie, il faut commencer par de petites choses. Par exemple, vous êtes en train de faire la vaisselle, et vous cassez une assiette (cela arrive aux meilleurs d'entre nous!). Plutôt que de laisser échapper une bordée de jurons, essayez *d'accepter* la situation pour ce qu'elle est – une situation qui, en l'occurrence, peut inclure le bris d'une assiette. Pas de quoi en faire un plat, si j'ose dire. Et surtout pas de panique. Accueillez avec bienveillance la vérité de l'instant présent. Là, par terre, à vos pieds, gît une assiette en mille morceaux. La question est : qu'allez-vous faire à présent? Le mal est fait. Vous pouvez voir rouge et peut-être casser une deuxième assiette. Ou bien vous pouvez, avec un soupir amusé, reconnaître que nul n'est parfait. Prenons un autre exemple, une discussion avec votre conjoint : s'il (ou elle) tient des propos qui, en temps normal, devraient vous agacer, essayez de modifier votre réaction. Au lieu de vous sentir piqué au vif, écartez cette remarque malencontreuse du revers de la main, tâchez d'aimer votre conjoint malgré tout. Là encore, les mots sont lâchés. La réponse que vous allez y apporter ne dépend que de vous. Si vous pouvez modifier vos réactions habituelles dans un sens plus pacifique, vous vous apercevrez vite que vous franchirez les écueils sans encombre.

À la maison, ma fille aînée a trouvé les mots simples qui résument parfaitement cette politique du «drapeau blanc». Quand un verre se brise ou qu'une tuile nous tombe sur la figure, elle s'exclame : «Bah, c'est la vie!» Autrement dit, pourquoi se mettre martel en tête?

Cette stratégie s'avère particulièrement efficace quand la confusion règne chez nous. Hier, j'étais à la maison avec les deux enfants et deux de leurs amies. Elles criaient famine toutes les quatre et je n'avais pas encore rangé la cuisine. Le téléphone a sonné en même temps que la porte d'entrée. Un bref instant, j'ai cru que j'allais perdre les pédales, et puis j'ai inspiré un grand coup. J'ai « déposé les armes ». J'ai décrété la « suspension des hostilités ». Pris dans l'œil du cyclone, je n'avais rien de mieux à faire. Ce qui me paraît intéressant, c'est qu'en cette occasion, comme en d'autres similaires, au moment où j'ai choisi de me détendre, de ne pas me braquer, tout autour de moi a commencé à s'apaiser.

Si vous êtes disposé à essayer cette stratégie, vous serez étonné par ses résultats. Plus vous serez calme, plus votre vie sera facile. Au lieu de grossir les problèmes, vous les arrête-rez avant qu'ils ne fassent boule de neige. Avec le temps, et un peu de pratique, vous aborderez avec un œil nouveau les situations de crise. Et celles-ci deviendront de moins en moins fréquentes. Alors, dès d'aujourd'hui, ne partez plus en guerre contre des moulins à vent : agitez le « drapeau blanc » !

31

Instaurez un rituel « égoïste »

Lorsque je suggère à mes patients de contenter leurs propres désirs, je suis toujours amusé de les entendre répondre par cette interrogation inquiète :

— Est-ce que ça n'est pas trop égoïste ?

Je veux ici tordre le cou à cette idée si répandue ! Le remède que je propose s'appuie sur une vérité dont il faut bien s'imprégner : quand on obtient ce qu'on veut sur le plan émotionnel, on peut alors mieux satisfaire aux besoins de son entourage.

Si vous avez pour objectif de vous sentir plus détendu à la maison, je ne saurais trop vous conseiller de trouver une activité qui vous appartienne en propre, et que vous pratiquez pour votre plaisir personnel. En ce qui me concerne, ce rituel « égoïste » consiste à me lever aux aurores, avant tout le monde. Je profite de cette heure matinale pour siroter tranquillement une tasse de café en me plongeant dans un bouquin. Il m'arrive aussi de me livrer à la méditation ou de réfléchir à la vie. C'est un des moments de la journée que j'affectionne tout particulièrement.

Mais chacun ses goûts. Certains préféreront glisser dans leur emploi du temps un peu de sport, d'autres iront fouiner dans les librairies ou s'offriront un café avant le travail. D'autres encore prendront un bain chaud ou une douche à une heure déterminée. L'essentiel, c'est que ce moment vous soit réservé.

J'avais autrefois un rituel dont j'ai fait profiter de nombreuses personnes : en revenant du bureau, je m'arrêtais à quelques pâtés de maisons de chez moi. Je me garais dans un endroit entouré d'arbres et de verdure. Et pendant quelques minutes, je contemplais simplement la beauté de la nature. Voilà une habitude qui n'a rien de sorcier et qui ne nécessite pas beaucoup de temps. Mais cela suffisait pour me ménager une « respiration » entre ma vie professionnelle et le retour chez moi, où j'allais retrouver des enfants débordants d'énergie, qui méritaient toute mon attention. Pendant ces quelques minutes, j'inspirais et j'expirais profondément, je me remettais en mémoire la chance que j'avais de rentrer dans une maison où m'attendait une famille pleine d'affection. J'admirais les buissons et les fleurs. Puis, au bout de quelques minutes, je démarrais la voiture et je prenais le chemin de la maison, frais et dispos.

Car cette simple pause avait une influence énorme sur mon état d'esprit ! Au lieu d'arriver à la porte, las et ronchon, je me sentais parfaitement détendu. Et la différence se faisait aussi sentir dans l'accueil que je recevais. Visiblement, ma femme et mes deux filles percevaient en moi cette sérénité.

Levez-vous un peu plus tôt, prenez un bain à un moment précis de la journée, arrêtez-vous pour humer les roses en rentrant du travail… mais faites quelque chose qui vous fasse vraiment plaisir ! Instaurez un rituel personnel. Vous serez étonné par les gains que vous obtiendrez en l'espace de quelques minutes.

32

Si vous avez des enfants,
ne planifiez pas votre journée

Voici une stratégie difficile à mettre en application. Je suis le premier à le reconnaître. Pourtant, si vous voulez vous en donner la peine, vous verrez qu'elle mérite tous vos efforts. Je ne sais pas si vous avez remarqué, mais on passe généralement un bien meilleur moment en famille quand on n'a pas de programme fixé à l'avance (ou alors de façon très lâche). Chaque fois que vous essayez de planifier la journée de manière stricte, vous êtes presque toujours déçu, chagriné de n'avoir pas accompli tout ce qui figurait sur votre liste. Et si par miracle vous y parvenez, vous finissez sur les genoux, avec en prime une pointe de rancœur our en pensant à cette débauche d'énergie !

Il va sans dire qu'il est parfois nécessaire d'établir un planning : vous pouvez avoir une mission à remplir ou des objectifs à atteindre. Mais même dans ce cas, mon conseil reste valable. Observez combien le fait de vous cramponner à un emploi du temps strict est générateur de stress. Pire !

Vous risquez de découvrir que plus vous êtes attaché à ce programme… moins vous le menez à bout ! Ce paradoxe apparent est dû au fait que votre rigidité nuit à vos facultés d'adaptation. Or, quand on s'occupe d'enfants, par exemple, il est pratiquement impossible de prévoir avec exactitude ce qui va se passer d'une heure à l'autre. Pour se plier à cette incertitude, il faut faire preuve d'une grande souplesse.

Souvent, la sagesse commande de mettre son programme « à feu doux » – autrement dit, de garder en mémoire ce qu'on souhaite accomplir idéalement, mais sans en faire une obsession. Puis, dès qu'une ouverture se dessine, tâchez d'avancer vos pions. Supposons par exemple que vous ayez prévu de passer trois coups de fil, de conduire votre voiture chez le garagiste et d'aller au supermarché. Au lieu de pester parce que vous n'avez pas encore eu un moment à vous pour réaliser ces objectifs, montrez-vous d'une patience olympienne. Détendez-vous. Surtout ne puisez pas là de nouvelle preuves que vous êtes « prisonnier à la maison » et que « les enfants sont des boulets ». Au contraire, gardez votre attention fixée sur l'instant présent. Placé dans un état de disponibilité parfaite, vous saurez profiter de la moindre occasion qui se présente. Et si celle-ci ne se présente pas ce jour-là, vous n'en aurez pas moins réussi à garder votre sang-froid.

33

Remplissez votre maison
de témoignages d'amour

Il y a dans la vie tellement d'occasions de nous remettre en mémoire nos problèmes qu'il importe de contrecarrer cette avalanche de négativité par des preuves d'amour. Kris et moi avons découvert qu'il est relativement facile (et peu coûteux) de garnir sa maison de marques de tendresse et de bonheur. Ainsi, vous vous trouvez sans cesse attiré vers les aspects les plus positifs de l'existence.

Ces marques d'amour peuvent s'inscrire dans un large éventail : tout ce qui vous semble beau, touchant, artistique, voire humoristique – tout ce qui évoque à vos yeux la bonté, la gentillesse ou la compassion. Ce peut être une œuvre d'art réalisée par vos enfants, un bouquet de fleurs fraîchement coupées, un poème ou une citation philosophique accrochés au mur, des livres d'inspiration spirituelle posés sur votre table basse, ou des photographies de vos proches. Une de mes amies écrit de jolis vers en calligraphie et les colle sur son réfrigérateur. D'autres conservent des mots doux qu'ils épinglent sur un tableau de liège.

Dans un sketch hilarant, l'acteur comique Steve Martin s'accompagnait au banjo et expliquait à quel point il était difficile de se sentir déprimé en jouant de cet instrument. Le banjo a un son si gai, si entraînant, qu'il est incapable d'engendrer la mélancolie. Il suffit d'en gratter les cordes pour qu'aussitôt vos malheurs soient chassés du côté du burlesque. Il en va un peu de même quand vous décorez votre foyer de preuves d'amour. Il devient beaucoup plus difficile de vous énerver, de vous stresser ou de déprimer.

Chez nous, la plupart des murs portent des photographies d'amis, de parents et de personnes dotées d'une forte aura spirituelle. Régulièrement, nous déplaçons ces photos, ou bien nous leur en substituons de plus récentes afin qu'elles gardent tout leur attrait. Nous avons aussi des livres formidables qui rendent présent l'amour dans presque toutes les pièces, ainsi que de petits chefs-d'œuvre confectionnés par nos filles. Si je n'avais pas d'enfants, j'irais demander à ceux de mes voisins de me donner quelques-unes de leurs peintures. En général, ils en ont à revendre. Si vous demandez à des enfants de vous faire un dessin, ils se sentent souvent flattés. Leurs dessins sont pleins de vie et d'amour, j'ai l'impression de n'en avoir jamais assez à la maison. Nos filles aiment aussi cueillir des fleurs dans le jardin pour les mettre dans un vase.

Je ne peux pas vous donner de recommandations spécifiques pour appliquer cette stratégie. C'est d'abord un état d'esprit. Une fois que vous aurez bien compris le sens de la démarche, et que vous en aurez ressenti les effets positifs, je suis sûr que vous ne pourrez plus vous en passer. Il n'y a absolument aucune contre-indication. À partir d'aujourd'hui, commencez à remplir votre maison de ces signes d'amour. Chaque fois que vous rentrerez chez vous, vous me remercierez du conseil.

34

Rappelez-vous :
l'argent ne fait pas le bonheur

Autant l'avouer, nous considérons presque tous que nous n'avons pas assez d'argent pour réaliser nos rêves – voyager, décorer notre intérieur, acheter certains objets. De fait, la question n'est pas tant de savoir si nous avons les moyens financiers de répondre à toutes nos envies, car la réponse est forcément non. La véritable interrogation serait plutôt : « Comment allons-nous gérer une telle frustration ? » Dans une large mesure, notre façon d'aborder le problème va affecter notre qualité de vie à la maison.

La tentation est forte parfois (et j'y succombe comme tout le monde) de se plaindre du manque d'argent, et d'en faire une excuse commode pour se priver de distractions, alors que nous pourrions parfaitement sortir et trouver des plaisirs à portée de notre bourse. Occupés à rêver de vacances au bout du monde et de palaces luxueux, nous ne savons plus nous contenter, au sens noble du terme, de nos modestes promenades, pourtant si plaisantes, ni de notre « humble demeure ».

J'ai un ami qui a des moyens très modestes. Mais je suis stupéfait par le nombre de choses qu'il réussit à faire avec de telles ressources. C'est un amateur d'excursions et de camping. Il m'a montré des photos extraordinaires de sites dont je n'avais même jamais entendu parler où il a effectué des randonnées superbes. Il aime l'escalade, les fleurs, les oiseaux et la mer. C'est une des personnes les plus enthousiastes que je connaisse. Pourtant, il quitte rarement la Californie. Il affirme que, dans cette contrée, on peut visiter chaque week-end un endroit différent, digne d'intérêt et à distance raisonnable. Il rit même sous cape en pensant à tous ces gens qui empruntent de l'argent à la banque pour visiter des pays exotiques mais qui n'ont jamais arpenté un seul de nos parcs nationaux, à deux pas de chez eux. Je connais cet ami depuis plus de dix ans et pas une seule fois je ne l'ai entendu se plaindre de tirer le diable par la queue. À mes yeux, c'est une des personnes les plus « riches » qui soient.

Cet état d'esprit peut s'appliquer à tous les domaines où le manque d'argent pourrait apparaître comme un obstacle. Vous pouvez regretter de ne pas avoir les moyens d'emménager dans un appartement plus grand, mais vous pouvez aussi décorer votre domicile actuel avec imagination, dans les limites de votre budget. Vous pouvez déprimer parce que les cadeaux de Noël que vous comptiez offrir à votre famille sont hors de prix, mais vous pouvez aussi être fier du repas que vous lui avez servi ou de la belle carte de vœux que vous avez pris le temps d'écrire à chacun de ses membres. Le choix est entre nos mains. Allons-nous bâtir des châteaux en Espagne et remettre notre plaisir à la semaine des quatre jeudis – ou ferons-nous contre mauvaise fortune bon cœur (l'admirable expression !) ?

Chaque fois que nous pensons à des chimères au lieu de profiter de ce que nous avons sous la main, nous creusons le gouffre entre nos désirs et la réalité. Et très souvent, cet écart est source d'un stress immense. Vous êtes à même de l'éliminer en prenant la décision de ne plus agiter le prétexte du manque d'argent pour justifier votre malheur ou votre ennui. Je ne vous refuse en aucun cas le droit d'accroître vos revenus. Je vous suggère seulement, en attendant, de profiter au maximum de ce qui est à votre disposition. Vous aurez peut-être des surprises… Une chose est sûre en tout cas : si vous vous concentrez plutôt sur les possibilités offertes que sur des rêves inaccessibles, vous vous amuserez beaucoup plus !

35

Commencez la journée… avec amour
Vivez-la… avec amour
Finissez-la… avec amour

S i l'un de nous pouvait appliquer à la lettre ce conseil, il figurerait sans conteste parmi les plus grands modèles de l'humanité, aux côtés de personnages comme mère Teresa. Pourtant, si difficile que soit cette stratégie, elle mérite que l'on s'y attache.

En fait, au moins dans son principe, elle est très simple. Il s'agit de vous rappeler fréquemment, au fil de la journée, combien il est important de placer l'amour au rang des priorités absolues. Il se produit quelque chose de magique dans votre existence lorsque vous hissez ce sentiment sur la plus haute marche. Les taupinières ne bloquent plus la vue, et la conscience s'ouvre à la beauté de la vie. Le quotidien revêt alors des couleurs extraordinaires, nous percevons mieux les valeurs essentielles.

Pour « commencer la journée avec amour », il faut, dès le réveil, réaffirmer la volonté de conduire votre existence selon votre cœur. Pour « vivre la journée avec amour », il faut que vos actes soient en harmonie avec votre aspiration à la patience, à la douceur, à la générosité. Cela signifie en particulier que vous n'exagérez pas inutilement les incidents qui émaillent votre journée, et que vous ne les prenez pas pour des attaques personnelles. Vous faites preuve de mansuétude à l'égard des autres comme de vous-même, vous vous interdisez tout jugement ou critique. Chaque fois que c'est possible, vous vous montrerez généreux, élogieux, mais aussi humble et sincère.

Pour «finir la journée avec amour», prenez le temps, avant de vous coucher, d'exprimer votre reconnaissance pour tous les bienfaits de la vie. Vous pouvez dire une prière ou vous livrer à une méditation. Vous pouvez passer en revue les événements du jour pour vérifier qu'il y a bien eu adéquation entre vos actes et votre volonté de vivre dans l'amour. Il ne s'agit pas de dresser un bilan comptable, ni de vous flageller : il s'agit de ressentir en vous, physiquement, cette sensation de paix qui accompagne la quête d'amour, et de chercher les domaines dans lesquels vous pouvez accentuer vos efforts, dès le lendemain.

36

Ne prenez pas votre moitié pour la portion congrue !

J e pourrais écrire un livre entier sur le sujet. Mais puisque je ne dispose que de quelques paragraphes pour m'expliquer, j'irai droit au but.

Si vous ne prenez pas votre femme ou votre mari en considération, je peux vous assurer que votre couple va bientôt connaître du tangage. Je n'ai jamais rencontré de personne qui aime être traitée par-dessus la jambe – et très peu qui soient disposées à l'endurer à long terme.

Dans une relation entre deux êtres, rien n'est plus destructeur que le manque de respect. Dans le domaine conjugal, c'est comme si nous disions à l'autre : « Ton travail à toi, c'est de me faciliter l'existence, et le mien, c'est de mettre les pieds sous la table ! » Et pan dans les gencives !

Il y a tant de manières de faire peu de cas de notre conjoint ! Par exemple en prenant notre rôle plus au sérieux que le sien : nous nous mettons en tête que notre partenaire est le « veinard », le « coq en pâte ». Nous ne nous donnons plus la peine de dire « s'il te plaît » et « merci ». Or, nous oublions à quel point la vie serait morne et difficile si nous étions seuls. Il nous arrive aussi de placer la barre très haut pour notre conjoint, ou de le traiter comme nous n'oserions jamais traiter un ami. Parfois, nous parlons « en son nom » ou bien nous le traînons dans la boue quand il a le dos tourné. Certains croient savoir ce que pense leur moitié, et prennent des décisions à sa place.

D'autres (ils sont nombreux) rentrent le soir en comptant trouver une maison en ordre et le couvert mis. Ou les factures payées et un gazon bien tondu… Sinon, à quoi bon avoir une femme ou un mari ? Enfin, très peu de gens écoutent réellement leur conjoint ou partagent son enthousiasme – à moins, bien sûr, que le sujet ne les concerne directement. Je pourrais continuer, mais vous avez compris où je voulais en venir.

Faut-il s'étonner qu'un mariage sur deux ou presque se termine par un divorce et que d'autres unions soient vécues dans la douleur ou l'ennui ? Et pourtant nous perpétuons la même erreur – nous négligeons notre partenaire.

L'inverse est aussi vrai : rien ne rend les gens aussi heureux que le sentiment d'être appréciés. Pensez à votre bonheur les premiers temps de votre rencontre… C'était merveilleux. Vous vous disiez des choses comme « c'est si bon de t'entendre » ou « merci d'avoir appelé ». Vous exprimiez votre gratitude de mille façons : un simple compliment, un petit cadeau, un bouquet de fleurs, un geste affectueux. Vous ne preniez pas votre amour comme une chose acquise une fois pour toutes.

Beaucoup croient qu'il est inévitable que la magie se perde dans un couple. Il n'en est rien ! C'est à vous d'en décider : si vous avez envie d'exprimer votre reconnaissance, rien ne vous en empêche. Plus vous le ferez, et plus vous trouverez d'occasions de le faire.

Ma femme Kris me dit régulièrement qu'elle a de la chance de m'avoir épousé. J'essaie de l'imiter, car j'éprouve les mêmes sentiments à son égard. Et vous savez quoi ? Chaque fois qu'elle exprime son amour, le mien grandit d'autant. Et elle m'assure qu'il en va de même pour elle. Nous n'agissons pas ainsi pour obtenir une gratification personnelle, mais simplement parce que nous ne perdons jamais de vue notre chance d'être ensemble.

Par exemple, quand je pars à l'aube pour donner une conférence, Kris me laisse un message disant qu'elle me sait gré de travailler si dur pour notre famille. De mon côté, je laisse quelques mots pour la remercier de s'occuper des enfants et de la maison en mon absence. Nous estimons avec sincérité que l'autre fait un sacrifice égal au nôtre et que, de toute façon, nous jouons dans la même équipe. Quand elle part et que je reste à la maison, nous inversons les compliments.

Kris et moi vivons ensemble depuis plus de quinze ans, et nous nous aimons aujourd'hui plus qu'hier. Je suis absolument convaincu que notre réussite conjugale tient au fait que nous avons décidé de toujours réinventer notre amour. Vous serez surpris par le pouvoir de cette stratégie. En attendant, oubliez ce que vous recevez et concentrez-vous sur ce que vous donnez. Si vous cessez de confondre votre « moitié » avec la portion congrue, votre conjoint ne tardera pas à faire de même. La gratitude est un plaisir ineffable. L'essayer, c'est l'adopter !

37

Mettez la bride à vos envies

Voici une leçon à valeur pratique et spirituelle parmi les plus importantes que j'aie eu la chance d'apprendre. Je dis bien la « chance », car privé de ce fil conducteur, l'homme risque fort de courir après le bonheur comme après un mirage fuyant, toujours reporté au lendemain, au lieu de le vivre « chemin faisant ».

Mettre la bride à nos envies, c'est imposer des bornes à la liste de nos désirs – cette liste qui ne cesse de s'allonger et qui finit par dominer notre existence. C'est le piège fameux qui nous fait dire : « Il ne me manque qu'une chose pour être heureux… » Dans presque tous les cas, si vous ne leur fixez pas vous-même de plafond, vos désirs seront illimités. L'un est à peine satisfait qu'un autre vient prendre sa place, comme par magie. Voici un exemple typique : « Je serai heureux le jour où j'aurais un appartement plus grand. » Ce vœu, une fois comblé, est remplacé par celui-ci : « Je serais véritablement heureux quand nous pourrons acheter notre maison. » Si vous n'y prenez pas garde, le cycle infernal se poursuit : « Je serai heureux quand nous aurons redécoré la maison (ou aménagé le jardin). » C'est une liste sans fin…

Ce principe du « toujours plus » s'applique aux biens matériels – la voiture, les vêtements, la chaîne hi-fi, etc. – mais il va bien au-delà. Il s'en prend aussi à vos attentes, vous laissant dans la peau d'un perpétuel insatisfait. Par exemple, votre fils marque un but dans un match de football et vous voilà déjà en train de rêver qu'il en inscrive deux la semaine prochaine. Votre fille obtient un 15 sur 20 en mathématiques et vous lui reprochez de n'avoir pas eu 18. Vous avez la chance d'avoir une femme qui est presque toujours ponctuelle, mais le jour où elle arrive en retard, vous lui passez un savon au lieu de lui dire : « Ce n'est rien, ne t'en fais pas, tu es presque toujours à l'heure. » Vous préparez un excellent repas et vous vous lamentez parce que le rôti était un peu trop cuit. Rien n'échappe à ce principe.

Lorsque vous mettez un frein à vos désirs, vous vous rappelez au contraire que vous pouvez être heureux – maintenant – sans pour autant obtenir tout ce dont vous rêvez. Refusant la spirale du « toujours plus », vous vous concentrez davantage sur vos « avoirs » que sur vos « manques ». C'est le fondement même de la satisfaction et du bonheur. De votre plein gré, vous choisissez de ne plus perdre un temps précieux à rêver une vie meilleure !

Quand je m'adresse à un public, il arrive qu'un auditeur interprète mal ce que je dis et m'interpelle : « Alors quoi, vous êtes anticapitaliste ? » Ou bien : « Vous nous refusez le droit d'accroître notre niveau de vie ? » Dans les deux cas, la réponse est résolument non ! J'adhère de tout cœur au capitalisme et je considère que vous et moi méritons la meilleure qualité de vie possible. Il n'y a rien de mal à vouloir mettre du beurre dans ses épinards, à acheter un nouveau costume, ou à emménager dans un logement plus grand. Régulièrement aussi, un auditeur me lance : « Vous ne pensez pas qu'on doive toujours viser l'excellence et élever ses enfants dans cette optique ? » Si, bien sûr. J'encourage moi-même mes enfants à toujours faire de leur mieux. Toutefois, il y a une grosse différence entre « faire de son mieux » et exiger que la vie soit meilleure, ou différente, avant de s'estimer satisfait.

Ce contre quoi je m'élève, c'est contre cette habitude permanente, insidieuse, de toujours vouloir plus (plus de biens matériels, plus de performances, etc.), en croyant que le bonheur est à la clé. Vous seul pouvez déterminer ce qui vous convient, mais je peux d'ores et déjà vous assurer que chacune de vos exigences (que ce soit une augmentation de salaire ou un changement d'habitude) sera très facile à justifier : vous prétendrez toujours qu'il vous suffirait d'une « dernière » chose ou d'une « ultime » demande pour accéder au bonheur. Il faut beaucoup de sagesse pour se dire que « le mieux est l'ennemi du bien » ou pour appeler sa maison « ça me suffit » !

Je suis persuadé que cette stratégie vous fera découvrir une voie vers le contentement que vous ne soupçonniez pas. Vous pourrez toujours combler vos besoins… et réaliser la plupart de vos rêves. Mais votre vie sera beaucoup plus simple. Vous sentirez moins de pression sur les épaules. Vous serez moins victime des mirages de la société de consommation. Vous aurez aussi moins tendance à vous « noyer dans un verre d'eau » parce que vous aurez appris à prendre la vie comme elle vient. Voilà une liste non négligeable de bienfaits. Alors ne passez pas à côté de cette stratégie : elle pourrait changer votre manière d'aborder le monde.

38

Laissez-leur le dernier mot, pour une fois

Derrière ce pronom pluriel peut se cacher qui vous voulez – vos enfants, votre conjoint, vos parents, vos amis ou vos compagnons de chambre. La technique que je vous propose ici a pour but de vous montrer que vous n'allez pas perdre la face en laissant votre interlocuteur avoir le dernier mot. En fait, c'est là un excellent réducteur de stress. Quand votre vis-à-vis « gagne », vous ne « perdez » pas pour autant. Très souvent, donner à quelqu'un le sentiment qu'il ou elle a été écouté avec respect se révèle plus satisfaisant, et moins éprouvant mentalement, que de lui rentrer les paroles dans la gorge.

Si on se place dans la perspective d'un mieux-vivre, reconnaissons que, au fond, personne ne remporte vraiment une joute oratoire. Dès qu'il y a friction entre deux personnes, les retombées psychologiques sont loin d'être positives de part et d'autre. Une dispute n'est rien d'autre qu'un duel, ou une bataille rangée, entre des individus qui veulent river leur clou à leurs adversaires. Immanquablement, ces affrontements laissent toutes les parties de mauvais poil. Car personne n'écoute vraiment et n'apprend rien. Il en résulte forcément des sentiments de colère et de frustration. Mais pour peu que vous laissiez votre « adversaire » remporter la manche, il arrive souvent que vous en sortiez tous les deux vainqueurs. Votre relation n'est pas mise en danger, et elle a même des chances de s'en trouver renforcée.

Quand vous refusez la confrontation, non par dédain mais par gentillesse, vous verrez que les problèmes se résolvent d'eux-mêmes. Lorsqu'on vous prend à partie, vous vous trouvez face à une alternative intéressante (et parfois délicate). Allez-vous plonger ou reculer ? Essaierez-vous d'imposer votre opinion, ou laisserez-vous votre interlocuteur exposer librement la sienne ?

De temps à autre, mes filles expriment un point de vue qui me paraît faux ou injuste. L'une d'elles, par exemple, se plaint : « Tu ne passes jamais de temps avec moi ! » Je pourrais contester ce point, y répondre par une déclaration du genre : « Mais si, tu te trompes, je passe beaucoup de temps avec toi. Tu as oublié qu'hier encore, on est allés déjeuner ensemble au parc ? » Je me suis rendu compte, cependant, que ma participation à ce genre de discussion ne faisait que l'envenimer. Il vaut bien mieux répondre quelque chose comme : « Tu as raison, ma chérie. J'espère que nous pourrons y remédier à l'avenir. Je t'aime très fort. » Une telle réponse éteint la discussion avant qu'elle n'ait eu le temps de tourner à l'aigre, et c'est aussi une déclaration sincère – une occasion de rappeler à ma fille combien je l'aime.

Je ne vous demande pas de renoncer à défendre vos opinions quand elles vous tiennent à cœur, ou de vous laisser marcher sur les pieds par n'importe qui. Cependant, je crois que vous conviendrez que laisser le dernier mot à quelqu'un, au moins de temps en temps, est un signe de force. Cela démontre que vous êtes une personne capable de garder son sang-froid et son sens de la mesure. En général (mais pas toujours) cette ouverture d'esprit incite votre interlocuteur à adopter la même courtoisie à votre égard.

39

Ménagez votre monture

En cette époque moderne, nous vivons presque tous à un rythme fou – il n'y a pas d'autre mot. Non seulement il faut se mettre en quatre pour gagner sa vie, fonder une famille et assumer les responsabilités quotidiennes, mais on voudrait en plus faire du sport ou consacrer du temps à une œuvre charitable. Nous essayons tous désespérément de rester en forme, d'être de bons parents, de bons citoyens et de bons amis. Et, cerise sur le gâteau, nous aimerions aussi nous distraire un peu ! Le problème, c'est qu'il n'y a que vingt-quatre heures dans la journée…

De nombreux facteurs contribuent à cette accélération de notre rythme de vie. Les ordinateurs, les gadgets électroniques et autres dérivés de la technologie nouvelle ont rétréci le monde et gommé les frontières du temps. Nous faisons tout beaucoup plus vite qu'avant. Malheureusement, ces gains se sont accompagnés d'un sentiment d'impatience : nous voulons que les choses arrivent immédiatement, « en temps réel ». J'ai vu des gens s'énerver pour dix minutes de queue dans un fast-food, ou parce que leur ordinateur prenait quelques secondes de trop pour se lancer. Un embouteillage suffit à nous stresser ; nous oublions complètement qu'en général nous nous déplaçons relativement vite, dans des véhicules ou des transports en commun confortables. Tout se passe comme si nos exigences en matière de célérité avaient augmenté au point que nous ne savons plus dire « stop » : nous ne pensons qu'à passer en surmultipliée.

Quand on veut trop en faire, on finit par ne plus savoir où donner de la tête. Et quand on se met à courir en tous sens, on est forcément plus susceptible de s'énerver pour rien. En outre, pressé par le temps, on ressent rarement un sentiment de satisfaction pour ce que l'on accomplit, car l'esprit est déjà tendu vers la prochaine activité. Au lieu de vivre pleinement l'instant présent, on s'est projeté dans le suivant.

En apprenant à ralentir, vous ferez bien plus que de soigner votre équilibre mental. Votre vécu va acquérir une profondeur qu'il est impossible d'atteindre quand on court d'un endroit à l'autre. Car lorsqu'on dispose d'un répit entre deux activités, on éprouve la sensation magique de maîtriser le temps. Je me suis rendu compte que le seul fait de baisser le régime était une expérience gratifiante en soi.

Si je devais choisir entre effectuer cinq tâches à toute allure, ou quatre seulement, mais dans le calme, j'opterais pour la seconde solution. Bien sûr, vous ne pouvez pas toujours éviter la course contre la montre. De nos jours, on a parfois l'impression qu'il faudrait être doué du don d'ubiquité pour arriver à tout faire ! Cela dit, nous générons nous-mêmes une bonne partie de cette précipitation. En prenant conscience de votre penchant à toujours accélérer, vous pourrez découvrir des moyens de ralentir le rythme et de vous libérer de votre stress. N'appuyez plus sur le champignon ! Rappelez-vous plutôt ce qu'on dit du sage qui pense à ménager sa monture : il voyagera loin…

40

Ne jouez pas les martyrs !

La vie familiale est pleine de sacrifices et de compromis. Dans la plupart des cas, le jeu en vaut la chandelle. Mais, ici comme ailleurs (y compris avec les meilleures choses), trop c'est trop !

Certes, la résistance au stress, aux responsabilités, au manque de sommeil ou aux soucis d'argent varie d'une personne à l'autre. En d'autres termes, ce qui vous paraît aller de soi peut me sembler plus compliqué – et inversement. Toutefois, pour peu que vous soyez attentif aux mouvements de votre âme, vous savez pertinemment quand votre niveau de stress a dépassé les bornes. Dans ce cas, vous devenez agité, vous vous sentez rongé par la rancœur. Vous estimez que vous en « bavez » plus que les autres.

Beaucoup parmi nous (y compris moi) ont succombé à la tentation du martyre. C'est une pente facile car le pas est vite franchi entre l'obligation de travailler et la sensation de vivre un calvaire.

La triste vérité, pourtant, c'est que la « victimisation à outrance » ne profite à personne. Le martyr est à lui-même son pire ennemi : en se farcissant la tête de ses « devoirs », il obscurcit son horizon mental. Ce piège sape sa bonne humeur. Pour l'entourage, un martyr n'est rien d'autre qu'un geignard trop absorbé par ses lamentations pour percevoir les beautés de la vie. Il voudrait être plaint, mais très souvent les gens considèrent qu'il a creusé lui-même sa tombe…

Si vous avez des tendances au martyre, je vous exhorte à y renoncer ! Au lieu de dilapider vos forces pour les autres, laissez-les se prendre en charge. Choisissez-vous un hobby. Consacrez au moins quelques minutes par jour à une activité que vous aimez vraiment et qui vous apporte des gratifications personnelles. Cette stratégie vous réserve au moins deux surprises. Tout d'abord, vous aurez plus d'allant car vous serez moins stressé. Rien ne draine autant l'énergie que la victimisation et le ressentiment. Ensuite, moins vous donnerez l'impression d'agir par pure obligation, plus vos proches vous en sauront gré. Ils sentiront que vous appréciez leur compagnie, au lieu de leur adresser je ne sais quels sourds reproches. Bref, ne jouez plus les martyrs et tout le monde s'en portera mieux !

41

Renoncez à vos espérances

Plus facile à dire qu'à faire ! Rien de plus naturel en effet que d'avoir des espérances. Ne sont-elles pas inhérentes à notre mode de pensée ? Pourtant, si vous pouvez atténuer vos désirs pour vous ouvrir à la réalité, vous serez en bonne voie vers le bonheur.

Car nos espérances sont responsables d'une grande partie de nos peines et de notre stress. Nous voudrions que les choses soient de telle manière, et pas autrement, mais la vie nous « déçoit » presque toujours. Alors nous nous énervons. Comme les circonstances répondent rarement à nos ambitions, nous finissons par nourrir un sentiment amer de trahison : « Ah si seulement les choses étaient différentes ! » Nous mettons ainsi notre angoisse sur le dos des vicissitudes de la vie, sans voir que nous sommes les propres artisans de notre malheur.

Hier encore, Kris m'a surpris en train de tomber dans cette embûche. Par nature, je suis quelqu'un de très enthousiaste, et une chose qui a le don de m'irriter, c'est quand les autres (en particulier les membres de ma famille) ne font pas écho à cet enthousiasme. Ce jour-là, il faisait une chaleur écrasante et j'étais tout excité à l'idée d'aller piquer une tête dans la piscine municipale. Mais lorsque j'ai demandé à mes filles si elles voulaient m'accompagner, au lieu de s'écrier en chœur « Bonne idée, papa, allons-y vite », elles ont marmonné quelque chose comme « Ouais, bof… ». Ce manque d'entrain m'a fait sortir de mes gonds : « Mais qu'est-ce que vous avez tous ici ? » Ma colère aurait pu empirer, quand Kris est intervenue avec un sourire : « Que disais-tu déjà à propos d'ouvrir son cœur à la réalité, au lieu de vouloir changer le monde ? » Et toc !

Je ne vous suggère en aucun cas de renoncer à tous vos espoirs ni à vos préférences. Il y aura des moments où vous tiendrez à exiger certains résultats, certains comportements, et vous serez dans votre droit : ce n'est pas parce que vous réduisez vos espérances que vous êtes obligé de vous contenter de l'à-peu-près ! Il est parfaitement possible de conserver des critères de valeur élevés, tout en se gardant de trop hautes ambitions. Souvenez-vous que le but ultime est d'améliorer notre qualité de vie et d'empêcher les petits tracas de nous empoisonner l'existence. Si nous ne nous berçons pas d'illusions, nous profiterons mieux de la vie telle qu'elle est.

42

Sachez apprécier votre belle-famille

Je reconnais que cette entreprise ne m'a posé aucune difficulté car mes beaux-parents, Pat et Ted, sont des gens formidables. Je dois dire que ma femme a aussi de la chance parce que mes parents sont de bonne composition. Mais pour beaucoup, la belle-famille constitue un véritable défi personnel – et c'est un euphémisme ! Et quand bien même vous appréciez vos beaux-parents, vous êtes malgré tout contraint à certains sacrifices, imposés par la nature même du mariage. Il faut, par exemple, faire des compromis sur l'endroit où vous allez passer vos vacances. Vous êtes aussi confronté à des tensions inévitables, nées de vos différences d'éducation – opinions contradictoires sur la religion, la discipline, les dépenses, l'importance du temps passé en famille, etc. Pourtant, malgré tous ces écueils, la plupart des relations avec les beaux-parents peuvent se révéler pleines d'affection et de respect mutuel.

Pour tirer le meilleur de ces relations, il faut garder son esprit fixé sur la notion de « gratitude ». Elle vous permettra, en dépit des difficultés, d'apprécier vos différences au lieu de lutter contre elles.

On oublie trop facilement qu'on a contracté une dette énorme envers ses beaux-parents : s'ils n'avaient pas donné naissance à votre conjoint, vous seriez aujourd'hui avec une autre personne, ou bien livré à vous-même. Dans la plupart des cas, ils se sont aussi chargés d'élever leur enfant. Ainsi, quoi que vous en pensiez, ils ont joué un rôle capital dans la formation de son caractère.

Mais je crains de vous entendre répondre sur un ton sarcastique : « Je comprends mieux pourquoi ma femme est perturbée… » Rappelez-vous que l'inverse est également vrai. Si vous reprochez à vos beaux-parents certaines difficultés avec lesquelles se débat votre conjoint, il est juste de mettre aussi à leur crédit ses nombreuses qualités. En outre, si vous avez des enfants, leurs gènes – et donc entre autres leur apparence physique – proviennent en partie de vos beaux-parents. Sans leur contribution, votre progéniture ne serait pas ce qu'elle est. Si vous trouvez que vos enfants sont beaux (et qui n'en est pas persuadé ?), sachez que votre belle-famille y est pour quelque chose, que cela vous plaise ou non.

Croyez-moi, je ne suis pas partisan de la philosophie du « tout-va-très-bien-madame-la-marquise ». Je reconnais volontiers que certains beaux-parents ont un caractère difficile. C'est d'ailleurs ce que pensera sans doute à mon sujet mon futur gendre (mais je ne suis pas pressé !). Cela dit, quel choix avez-vous ? Vous pouvez râler contre votre belle-mère, faire des gorges chaudes de sa dernière visite chez vous, espérer qu'elle change un jour… Ou bien vous pouvez essayer de vous détacher des petites manies qui vous agacent, et vous concentrer un peu plus sur la reconnaissance que vous lui devez. C'est, je crois, une décision relativement facile à prendre. Si vous vous y tenez, je suis certain que vous parviendrez à améliorer de manière significative votre relation avec vos beaux-parents.

43

Méfiez-vous de vos humeurs

Nos sautes d'humeur sont à la fois mystérieuses, pertur-
bantes et incontournables. Il est rigoureusement impossible d'y échapper ! Mais en faisant l'effort de mieux les
comprendre, on peut s'épargner bien des ferments de discorde.

Nos humeurs sont comme les bulletins météo, toujours
changeantes, et leurs variations entraînent des glissements sensibles dans notre perception du monde. En général, quand
vous êtes « bien luné », la vie vous paraît belle. Vous la prenez comme elle vient, au moins dans ses grandes lignes, et
vous tâchez d'en jouir au maximum. Les difficultés ne vous
semblent jamais insurmontables, et les solutions se présentent
à vous avec une relative aisance. Malgré les petits soucis, vous
vous sentez verni d'avoir une famille et un toit au-dessus de
la tête. Si vous possédez un jardin, sa beauté vous émerveille.
Dans ces bonnes dispositions, vous adorez vos enfants et votre
conjoint. Vous êtes fier de votre couple et de l'amour qui règne
dans votre foyer. Vous encaissez sans sourciller les responsabilités comme les tracas quotidiens. Un objet vient à se casser ? Vous le réparez ou vous le jetez sans regret. On vous
brocarde ? Vous en riez de bon cœur, sachant qu'il n'y a pas
de fumée sans feu. En un mot, vous gardez votre sens de l'humour et vous profitez au mieux de ce don extraordinaire
qu'est la vie !

Mais quand vous êtes de mauvaise humeur, vous posez un
regard radicalement différent sur des circonstances pourtant

identiques. Tout devient soudain grave et urgent. Vous montez au cocotier à la moindre anicroche. Vous râlez en permanence. Malgré l'amour que vous éprouvez pour vos enfants, vous leur reprochez de demander trop de soins et d'attention. Votre maison vous apparaît davantage comme un fardeau que comme une bénédiction. Vous ne voyez que les défauts de votre conjoint, et vous lui imputez tout ce qui va de travers. Quelque chose se renverse ou se casse ? Vous en faites une maladie. La moindre taupinière prend des proportions himalayennes !

Détendez-vous. À des degrés divers, nous sommes tous des Dr. Jekyll et Mr. Hyde ! Contrairement à ce qu'on croit souvent, notre humeur est en grande partie la cause, et non la conséquence, de notre perception du monde. Elle détermine notre façon de voir les choses. Le moral est au beau fixe ? L'existence nous apparaît sous un jour favorable. Le baromètre retombe ? La vie nous paraît sinistre et pleine d'embûches. Voyez combien le monde peut vous sembler différent, à un jour d'intervalle, selon que vous vous êtes levé du bon ou du mauvais pied !

Apprendre à détecter vos sautes d'humeur peut avoir une énorme influence sur votre qualité de vie en diminuant votre impulsivité de manière sensible. Acceptez ces pirouettes de l'âme comme une réalité de la vie. Surtout ne soyez plus le jouet de ces moments de grogne ou de déprime. Rappelez-vous : ce n'est pas le monde qui a changé du tout au tout en l'espace d'une heure, c'est votre humeur !

Être conscient de ce phénomène, c'est s'octroyer un recul salutaire. Attendez-vous à voir les choses en noir quand vous avez le cafard. Ainsi préparé, vous prendrez moins au sérieux les soucis qui vous assaillent. Vous les mettrez sur le compte de votre humeur, au lieu d'accuser le monde entier ou votre famille. S'ils étaient responsables de votre morosité, celle-ci devrait être quasi permanente. Or il n'en est rien. La grande majorité des soucis qui vous turlupinent dans un mauvais jour sont des peccadilles que vous envoyez promener d'une pichenette pour peu que le moral soit au rendez-vous.

44

Tracez une frontière
entre le travail et le reste

À l'instar de millions de gens, et bien que disposant d'un bureau à l'extérieur, je travaille aussi beaucoup à la maison. C'est là, d'ailleurs, au premier étage, que j'écris ces lignes avant le lever du soleil.

Vous êtes presque sûr d'accroître votre stress si vous ne tracez pas une frontière stricte entre votre travail et le reste de votre vie. Cela ne vous interdit pas pour autant de travailler à domicile, mais il faut prendre quelques précautions pour bien cloisonner les deux aspects.

Si vous travaillez chez vous, ayez si possible deux lignes téléphoniques distinctes et une pièce qui soit uniquement consacrée à vos activités professionnelles. J'ai entendu des gens me dire : « À quoi bon avoir deux lignes ? Cela ne fait qu'occasionner des frais supplémentaires. » Ils oublient de prendre en considération que bien des clients, lorsqu'ils appellent, sont agacés de tomber sur une personne qui est incapable de leur donner des renseignements satisfaisants. Bien qu'étant plutôt de bonne composition, je dois avouer que je trouve assez déconcertant, quand j'essaie de joindre une société, d'entendre un enfant me répondre, ou une épouse qui n'est au courant de rien ou presque. Je me demande toujours si la personne que j'essaie de contacter va avoir mon message ! Parfois, il est plus simple de s'adresser ailleurs… Il est fort possible qu'en mélangeant *business* et vie privée, vous perdiez des clients. Et cela vous coûte bien plus cher qu'un abonnement mensuel à une deuxième ligne téléphonique !

Mais au-delà de ce problème, il y a un facteur d'organisation. Plus vous parviendrez à séparer votre travail de votre vie familiale, moins vous perdrez d'objets et de documents. Vous saurez toujours où trouver votre agenda, vos dossiers, les numéros de téléphone et autres informations dont vous avez besoin. Votre bureau restera un bureau et vous profiterez davantage de votre maison. Vous serez mieux organisé, donc moins stressé.

Si vous confondez lieu de travail et lieu de vie, par exemple en rapportant des dossiers à la maison ou en ne disposant que d'une seule ligne de téléphone, vous aurez bientôt tendance à appeler vos amis ou à vous disperser dans des activités sans rapport. La raison est évidente : vous avez l'habitude d'appeler vos amis dans le salon ou de ranger quand vous êtes à la cuisine. En maintenant des cloisons étanches, vous perdrez moins de temps et vous aurez un meilleur rendement.

J'ai appris à me plier à cette discipline. Mes filles n'ont pas le droit de toucher à mon ordinateur portable, ni à mon fax, ni à mes classeurs. Résultat, je suis non seulement plus productif mais nettement moins stressé que je l'étais auparavant. Essayez cette méthode, et vous supprimerez bien des occasions de râler contre les empiètements de votre travail sur votre vie domestique (ou inversement). Bon, maintenant que j'ai fini, je vais descendre voir ce que font les enfants !

45

Acceptez sans réserve
ceux que vous aimez

C'est malheureux à dire, mais les êtres qui nous sont le plus chers sont aussi ceux que nous aimons… en y mettant le plus de conditions. Autrement dit, alors que nous pouvons facilement ignorer les petites manies ou les défauts de parfaits inconnus, nous avons du mal à nous montrer aussi conciliants à l'égard de nos enfants et de notre conjoint.

Mon attention a été attirée sur ce paradoxe par une excellente amie qui trouvait que j'exigeais beaucoup de mes deux filles :

— J'ai l'impression que tu es un père tolérant dans de nombreux domaines, me dit-elle. Mais est-ce que tu te rends compte que tu attends de tes filles qu'elles soient toujours heureuses et enthousiastes ?

Elle a ajouté aussitôt :

— Tu imagines à quel point cette attente peut être difficile à satisfaire ?

C'était comme si j'avais reçu un coup de poing dans la figure ! Sa remarque m'a fait mal, mais c'est parce qu'elle avait mis le doigt sur la plaie.

Ce fut pour moi une sorte de révélation. Car mon amie avait parfaitement raison. En règle générale, je supporte très bien que les gens ne soient pas toujours rayonnants de bonheur et d'entrain. Je crois que je réussis plutôt bien à les accepter tels qu'ils sont. Toutefois, j'avais pris l'habitude d'être très déçu par mes filles chaque fois qu'elles exprimaient des émotions autres que la simple joie de vivre.

Je me suis aperçu alors que, comme beaucoup d'entre nous, je faisais peser mes plus fortes exigences sur les êtres que j'aimais le plus au monde. Inutile d'aller chercher bien loin les exemples : si votre voisin renverse un verre de jus d'orange sur le tapis du salon, vous direz sans doute : « Oh, ne faites pas attention, je nettoierai… » Mais lorsque votre enfant fait la même chose, réagissez-vous de la même façon ? N'allez-vous pas plutôt pousser des hauts cris et lui passer un savon ? Pourtant, qui aimez-vous de tout votre cœur, votre enfant ou votre voisin ? Souvent aussi, vous vous montrez plein d'indulgence pour les petites manies d'un ami, alors même que celles de votre conjoint, pourtant très semblables, vous font grimper aux rideaux.

Je ne veux pas analyser ici en profondeur les raisons de cette étrange erreur de perspective. L'essentiel, c'est de repérer notre tendance à mettre la barre très haut pour nos êtres chers, alors même que nous prétendons leur vouer un amour sans réserve. Dans mon cas, ce qui m'a aidé le plus, cela a été de me rappeler que nous avons tous – y compris mes propres enfants – des manières différentes de réagir et de nous exprimer. Il me fallait respecter le tempérament de mes filles, de la même façon que je respectais celui de tout un chacun. Et vous savez quoi ? Ça a marché ! Elles ont perçu ma volonté sincère de porter moins de jugements hâtifs, et mon désir de les aimer sans condition. J'ai senti alors qu'elles me rendaient un amour de même nature. Si vous acceptez vos proches dans la globalité de leur être, je suis convaincu que vous recevrez bientôt une récompense identique.

46

Ne vous braquez pas contre les petites manies

Il ne faut pas s'étonner si les petites manies des personnes qui partagent votre toit sont capables de vous faire devenir chèvre. Vous savez bien, leur façon de manger, de manier leurs couverts, de remettre une mèche en place, de battre du pied, de collectionner les pièces jaunes… Après tout, vous passez sans doute plus de temps avec ces personnes qu'avec n'importe qui ; vous avez donc plus d'occasions de vous familiariser avec leurs habitudes. Au fil du temps, vous en venez à les anticiper, et elles ont parfois le don de vous irriter.

Inutile de se leurrer. Il n'y a pas une personne sur terre qui n'ait son lot de manies désagréables. J'en ai tellement moi-même que je serais gêné de vous les confier. Et pour peu que vous soyez honnête, je parie que vous pourriez en avouer une flopée… Cela n'empêche pas que vous soyez quelqu'un de bien, doté de nombreuses qualités. Et j'aime à penser que j'appartiens aussi à cette catégorie.

Nous sommes tous humains. Que, vivant seul, vous n'ayez à supporter que vos propres manies (éventuellement celles de vos animaux domestiques), ou que vous ayez un conjoint et une ribambelle d'enfants qui vous assaillent de leurs marottes diverses, nous sommes tous logés à la même enseigne. Être humain, c'est avoir des tics. La belle affaire !

Beaucoup de gens sont facilement exaspérés par leurs propres manies et par celles de leurs proches, au point qu'elles finissent par les obséder. Ils confient leur agacement à leurs amis. Mais vous savez quoi? Les chances de voir disparaître ces manies sont à peu près aussi grandes que mes chances de remporter le tournoi de Wimbledon – autant dire nulles. Bon, disons que, exceptionnellement, une personne réussira à se défaire d'une habitude irritante. Mais c'est excessivement rare. L'ami à qui vous confiez les manies de votre conjoint n'a-t-il pas, lui aussi, quelques tics à se reprocher? Et ne pensez-vous pas qu'il puisse, à l'occasion, éplucher avec ses amis vos propres imperfections?

Vous n'avez en fait que deux solutions : continuer à vous laisser obnubiler par ces petites manies ou bien vous concentrer sur leur caractère à la fois innocent et drolatique. Innocentes, elles le sont en effet, car après tout, nul ne les revendique comme faisant partie intégrante de sa personnalité! Nous ne les avons pas préméditées; elles se développent de façon involontaire et perdurent par la seule force de l'habitude. En outre, rappelez-vous que si vous viviez avec une autre personne, elle ferait rapidement étalage d'une variété d'autres petites manies. Et qui sait? Celles-ci pourraient se révéler encore plus exaspérantes que les anciennes!

Pourquoi ne pas prendre plutôt la décision de donner un peu moins d'importance à ces travers? Ce sera pour vous un immense soulagement. Vous n'aurez plus à dépenser une telle énergie mentale à remâcher votre irritation. Et vous découvrirez qu'en étant plus indulgent à l'égard des autres, il est plus facile de l'être avec soi-même. À partir d'aujourd'hui, quand une petite manie vient vous chatouiller les nerfs, laissez pisser le mérinos! Vous n'en serez que plus heureux.

47

Quand on vous demande
de vos nouvelles, ne dites plus
que vous êtes débordé !

C'est aujourd'hui une mode, presque un réflexe, de souligner en toute occasion la masse de travail à laquelle on est confronté. À l'apostrophe « comment ça va ? » la réponse la plus courante est désormais : « Je suis débordé. » Et je dois admettre que, de temps à autre, je me rends aussi coupable de cette tendance. Pourtant, depuis que j'en ai pris conscience, je mets de moins en moins l'accent sur mon surmenage – et je me sens beaucoup plus léger !

Nous semblons éprouver un étrange réconfort à assurer les autres que, nous aussi, nous sommes des gens très occupés. L'autre jour, en rentrant à la maison, je m'étais arrêté pour faire une course quand j'ai entendu deux amis qui s'interpellaient.

— Salut, Chuck, a lancé le premier. Comment vas-tu ?

Le dénommé Chuck a poussé un gros soupir.

— Je suis dans le jus, et toi ?

— Moi aussi. Je travaille comme un galérien.

Puis, à croire que les clients du magasin savaient que j'écrivais un livre sur le stress, deux femmes sont venues apporter de l'eau à mon moulin. Du coin de l'œil, j'ai aperçu l'une d'elles qui disait à l'autre :

— Cathy, je suis contente de te voir. Tu vas bien ?

Cathy a haussé les épaules.

— Pas trop mal, mais je suis charrette.

Par politesse ou par sollicitude, elle a ajouté :

— Et toi ?

— Oh, tu sais, toujours sur la brèche.

La tentation est forte d'entamer une conversation par ce rituel car, en vérité, nous sommes (en tout cas la majorité d'entre nous) réellement très occupés. D'autre part, beaucoup de gens s'imaginent qu'il faut toujours paraître « surbooké », sans quoi on perd toute valeur dans la société. Certains font même des concours pour savoir qui détient la palme du surmenage. Le problème, c'est que cette attitude donne le ton au reste de la conversation. Chacun y voit la confirmation que la vie moderne est synonyme de stress. Alors même que vous avez l'occasion d'échapper à cette course folle en bavardant avec un ami, vous préférez consacrer ce bref moment de répit à en « remettre une couche ».

Bien que cette réaction contienne souvent des éléments de sincérité, elle joue contre vous – et contre votre ami – en renforçant votre sentiment de surmenage. Bon, c'est vrai, vous êtes occupé, mais ce n'est pas votre seul trait de caractère ! Vous êtes aussi une personne intéressante, aux nombreuses qualités. Il n'est pas nécessaire d'étaler son emploi du temps sur la place publique pour retenir l'attention : ce n'est qu'une mauvaise habitude. Nous pouvons en changer en reconnaissant d'abord son existence, pour explorer ensuite les solutions de remplacement.

Vous serez stupéfait du surcroît de bien-être que vous ressentirez en modifiant simplement votre façon d'aborder les gens. En guise d'expérience, essayez d'éliminer toute allusion à votre surmenage pendant une semaine entière ! Vous aurez peut-être du mal, mais le jeu en vaut la chandelle. Curieusement, bien que vous ayez toujours autant de travail, vous allez commencer à moins en sentir le poids. Vos interlocuteurs insisteront moins sur leur propre excès de travail : leur stress s'en trouvera allégé, et votre conversation deviendra plus enrichissante, plus relaxante. Alors la prochaine fois qu'on vous demande de vos nouvelles, répondez tout ce que vous voulez… sauf « je suis débordé ». Vous ne le regretterez pas.

48

Fichez la paix à vos voisins !

Comme il est facile de se laisser énerver par ses voisins ! Presque tous, nous vivons à proximité d'autres personnes – parfois juste à côté. Nous les entendons à travers les murs ou par-dessus les haies, nous les voyons régulièrement, nous sommes témoins de certaines de leurs habitudes les plus agaçantes. Nous devons supporter leurs voix, leurs poubelles, leurs chiens, les crottes de leurs chiens… Nous sommes parfois obligés de contempler leur jardin en friche ou leur pelouse mal entretenue. Leurs travaux inachevés, leurs mauvaises herbes ou leurs barrières à moitié peintes sont une insulte à notre sens de l'esthétique. À l'occasion, nous entendons leurs disputes et d'autres bruits qu'ils souhaiteraient peut-être plus discrets. Faut-il s'étonner qu'il y ait tant de querelles de voisinage ? Si vous vous laissez envahir par des peccadilles, vous risquez d'y perdre la tête, parce que les raisons de vous plaindre ne manqueront pas !

Pour garder son calme, la meilleure solution consiste à se rappeler sans cesse une évidence qu'on a souvent du mal à admettre : c'est que nos voisins souffrent aussi de devoir nous supporter à longueur d'année ! Je peux vous assurer que, de leur point de vue, ils ont autant, sinon plus, de mérite que nous…

Si vous voulez absolument me persuader que vos voisins ont tous les torts et que vous êtes un modèle de civilité, j'aurai du mal à vous convaincre du contraire. Mais si vous acceptez, ne serait-ce que quelques minutes, de vous mettre à leur place, vous pourrez y gagner un peu de quiétude.

Quand ils louent un appartement ou achètent une maison, les gens estiment souvent (et c'est somme toute assez légitime) que les sacrifices consentis les autorisent à vivre comme bon leur semble. Vous avez sans doute vous-même éprouvé ce sentiment. En tout cas, ce qu'ils voient d'un très mauvais œil, c'est qu'un grincheux vienne leur dire comment tailler leur rosier, que leur chien aboie trop fort ou qu'ils doivent baisser la voix après 22 heures.

Essayez de vous mettre à leur place. Je ne vous demande ni de vous aplatir devant eux ni de vous laisser manger la laine sur le dos. Je ne prétends pas non plus que vos exigences soient exorbitantes ou qu'il faille renoncer à toute tentative pour remédier aux atteintes les plus flagrantes à votre tranquillité. Mais choisissez bien les batailles que vous menez. Vous pouvez ne pas souscrire au mode de vie de vos voisins sans pour autant monter sur vos ergots. Vous n'êtes donc pas obligé d'adopter une attitude belliqueuse à leur égard. Vous découvrirez alors que la plupart des voisins sont comme vous : ils ne demandent qu'à établir des rapports de bonne intelligence avec tous les habitants du quartier. Mais beaucoup ont connu par le passé des expériences malheureuses, si bien qu'ils abordent avec méfiance les rapports de voisinage et leur cortège de conflits potentiels. Autrement dit, ils sont sur leurs gardes, prêts à bondir à la première alerte ou à transformer leur maison en forteresse. Si vous leur donnez de quoi nourrir leurs craintes, vous risquez de déclencher une guerre de tranchées.

Le mieux que vous ayez à faire, c'est de prendre vos voisins dans le sens du poil. Ouvrez votre cœur et essayez de partir sur de nouvelles bases. Voyez s'il y a des choses que vous pouvez faire pour améliorer vos rapports. Soyez le premier à tendre la main et à faire la paix. Invitez-les à prendre le café. Demandez-vous : « En quoi ai-je contribué à nos problèmes ? » et : « Que faire pour les résoudre ? » Vous ne pouvez pas changer vos voisins, mais vous pouvez changer la relation que vous entretenez avec eux.

Essayez également de vous concentrer non pas sur leurs habitudes les plus irritantes mais sur les aspects les plus positifs. Il est facile, par exemple, de râler contre une fête occasionnelle donnée par la fille d'à côté et d'oublier que 95 % du temps, ces mêmes voisins sont parfaitement silencieux. C'est le moment ou jamais de ne pas vous noyer dans un verre d'eau. Ce soir-là, il vous suffit généralement de dormir dans une autre pièce ou de mettre des boules Quies si le bruit vous empêche de dormir. Il ne vous faudra pas plus de dix minutes pour nettoyer les éventuels détritus abandonnés sur la pelouse. Dans tous les quartiers, il se donne quelques fêtes par an. Si vous laissez respirer vos voisins, ils vous en sauront gré, se montreront plus attentifs à vos requêtes et plus indulgents à l'égard de vos propres manies. Vous vous apercevrez alors, je l'espère, que vivre en harmonie est beaucoup plus facile que vous ne l'imaginiez.

49

Reconnaissez les « épreuves »
endurées par vos proches

Nous savons tous que la vie n'est pas toujours tendre, et qu'elle s'entend même parfois à nous bousculer. Mais nous sommes toujours plus enclins à monter en épingle nos propres difficultés qu'à reconnaître celles de nos proches. Si vous travaillez à l'extérieur et que votre femme (ou votre mari) reste à la maison, vous risquez, en fin de journée, de vous focaliser sur vos problèmes personnels en restant largement indifférent à ceux rencontrés par votre conjoint. L'inverse peut très bien se produire : trop absorbé par les tâches ménagères et par la garde des enfants, vous finissez par perdre de vue qu'il est aussi stressant de travailler toute la journée dans un bureau. On oublie encore plus facilement que les enfants et les adolescents ont leurs propres soucis, bien réels à leurs yeux. Nous avons peut-être du mal à comprendre pourquoi l'existence leur paraît à ce point semée d'embûches, mais il ne faut pas sous-estimer leur désarroi, car les obstacles se dressent bel et bien sur leur route.

Combien de fois n'avez-vous pas entendu ces mots désemparés : « Il (ou elle) ne me comprend pas » ? Cette phrase revient sans cesse lorsque les hommes et les femmes parlent de leur conjoint. Elle est encore plus banale dans la bouche des enfants à propos de leurs parents. C'est ainsi que beaucoup de gens se sentent seuls au milieu de la foule, persuadés qu'ils sont incompris au sein même de leur famille.

C'est un problème relativement simple à résoudre. Il «suffit» de faire preuve d'une grande empathie, voire de compassion. Essayez de vous mettre à la place des membres de votre famille – mari, femme, enfants, parents, frères et sœurs… Imaginez ce qu'éprouve chacun, prenez la mesure de ses responsabilités et de ses contraintes. Presque toujours, vous vous rendrez compte que leur vie n'est pas aussi aisée qu'elle peut le sembler *a priori*.

Je ne vous demande en aucun cas ici de vous apitoyer sur leur sort ni de grossir les problèmes qui peuvent peser sur votre famille. Je vous suggère simplement de vous mettre à l'écoute de ceux que vous aimez. Montrez-vous plus compatissant à leur égard. Vous réduirez ainsi votre stress car cela vous rappellera que vous n'êtes pas le seul à vous battre. Mais vous contribuerez aussi à soulager vos proches. Le seul fait que l'on reconnaisse avec sincérité l'existence de leurs problèmes leur sera d'un grand réconfort, d'autant que cette sollicitude viendra d'un être aimé.

Un des moyens les plus efficaces qui soient pour rapprocher deux membres d'une même famille, c'est de développer un sentiment réciproque d'écoute et de compréhension. Au lieu de ne penser qu'à vos «petites misères», essayez de vous intéresser davantage à celles de vos proches. Une intimité nouvelle, plus féconde, ne tardera pas à se nouer entre vous.

50

Ne vous couchez jamais
sous l'emprise de la colère

Ce sont mes parents qui m'ont transmis ce sage conseil, dont j'ai pu apprécier les vertus. Dans mon enfance, cette règle de conduite a en effet coupé l'herbe sous le pied à bien des disputes et des rancœurs qui auraient sans doute été reconduites au lendemain. En voici le principe : toutes les familles du monde ont probablement leur lot de problèmes, mais aucun n'est assez grave pour mériter qu'on aille le ruminer au fond de son lit. Grâce à cette stratégie, quel que soit le motif du conflit, il y a toujours une limite aux débordements, un seuil maximal à l'approche duquel toute la famille reconnaît qu'il est temps de laisser tomber, de s'excuser et de pardonner. Sans exception possible. Cette limite, c'est l'heure du coucher.

Nul ne se couchera sous l'emprise de la colère… Appliquée sans faille, cette règle vous rappellera que l'amour et le pardon ne sont jamais bien loin. Elle vous encourage à montrer un peu plus de souplesse, à tendre la main le premier, à instaurer un vrai dialogue, à donner une accolade sincère. Vous percevez mieux l'absence de malice dans le comportement des autres membres de la famille. Les canaux de communication restent ouverts. Vous ne perdez jamais conscience de former une famille dont les membres s'aiment et se respectent, malgré certains désaccords. Choisir de ne jamais se coucher en colère, c'est instituer une « commande de remise à zéro » qui protège votre foyer de l'animosité et de la rancune.

On jugera sans doute mieux de l'efficacité de cette règle par défaut. Sans elle, en effet, les disputes n'ont pas de fin. Il n'y a pas de seuil infranchissable, et votre famille n'est donc pas à l'abri de l'irréparable. Sans consigne contraire, chacun risque de s'accrocher mordicus à ses opinions, en tentant de les justifier par tous les moyens.

Kris et moi nous efforçons d'appliquer cette stratégie à la maison. Ce n'est pas encore parfait et, de temps à autre, l'un de nous semble un peu grognon à l'heure du coucher, mais dans l'ensemble les effets ont été très positifs. 99 % des fois, nous nous réveillons le matin le cœur rempli d'amour et d'optimisme. J'espère que vous tenterez cette méthode. Elle n'est pas toujours très facile, et vous n'obtiendrez pas 100 % de réussite, mais rappelez-vous que la vie est courte : rien n'est assez grave pour gâcher vos journées… comme vos nuits. Faites de beaux rêves.

51

Demandez-vous : « Pourquoi serais-je différent du reste de l'humanité ? »

Il y a quelques années, je me plaignais à un ami de la vie que je menais et du poids de mes responsabilités. Sa réponse a joué un rôle important dans mon évolution personnelle : grâce à lui, j'ai cessé de me considérer comme une victime et j'accepte désormais la vie comme elle est (en tout cas la plupart du temps). Au lieu de s'apitoyer sur mon sort, cet ami m'a posé la question suivante :

— Tu peux me dire pourquoi tu devrais être différent du reste de l'humanité ?

Il pointait du doigt ce fait évident, et pourtant si souvent négligé, que la vie, pour chacun d'entre nous, est pleine de défis, d'obstacles, d'échecs et de soucis. Nul n'y échappe. Quels que soient votre passé, vos origines, votre religion, votre sexe ou votre statut social, vous aurez des problèmes. Point à la ligne.

On est toujours plus enclin à voir ses propres difficultés que celles du prochain, et il est par ailleurs indéniable que certains handicaps paraissent plus graves que d'autres, mais en définitive la vie n'est facile pour personne (en tout cas, pas tout le temps).

Nul n'a jamais dit que l'existence serait un ciel sans nuages. Gardez cela en mémoire et vous serez plus à même d'affronter les tempêtes. Au lieu de vous laisser accaparer par la première broutille, vous pourrez dire avec détachement : « Bah, ce n'est pas la mort du petit cheval… »

Aucun de nous, je crois, n'ira jusqu'à accueillir avec une sorte de fatalisme bienveillant les soucis inhérents à la vie, mais nous pouvons toutefois faire des progrès dans leur acceptation. Moins vous vous taperez la tête contre les murs, plus vous trouverez des ressources pour les enjamber. Au lieu de vous y engluer comme dans un sable mouvant, vous aurez une vision d'ensemble, en survol, propre à vous suggérer les meilleures solutions.

Prendre conscience que les difficultés sont inévitables ne suffira pas à vous rendre heureux. Mais vous y gagnerez un recul bénéfique : vous vous sentirez moins « bousculé » par la vie. Dès aujourd'hui, essayez de voir vos soucis actuels sous cet éclairage nouveau. Vous vous rendrez compte qu'au moins les « petits pépins » peuvent être vécus avec plus de sérénité.

52

Levez le pied !

Un jour, ma femme Kris m'a sauvé de la crise de nerfs avec cette injonction. J'avais travaillé comme une bête de somme, effectué de nombreux déplacements professionnels et accumulé un retard considérable dans mon planning. Je n'avais pas eu le temps de dire « ouf ! » depuis des semaines. J'avais une montagne d'appels téléphoniques à retourner, raté plusieurs engagements importants, ainsi que deux rendez-vous avec mes filles. Je me sentais débordé, presque aux abois, comme si le monde entier courait après moi. Le plus grand désordre régnait dans mon bureau et comme j'avais laissé tomber le sport, je perdais la forme.

C'est alors que Kris (qu'elle en soit ici remerciée) m'a dit en me prenant dans ses bras :

— Lève le pied, Richard...

Elle m'a rappelé que la perfection n'était pas de ce monde, que je ne pouvais pas tout faire. J'étais tout simplement en train de perdre les pédales, et il était temps que je me ressaisisse.

Le conseil de Kris vaut pour beaucoup d'entre nous. Nous courons souvent dix lièvres à la fois. Nous travaillons d'arrache-pied, tout en essayant de rester organisés. Nous faisons de notre mieux pour être de bons parents, de bons époux, de bons amants et de bons citoyens. En prime, nous voudrions ajouter à ce programme un peu de sport et le calcul de nos impôts ! Nous faisons la cuisine, le ménage, nous promenons le chien et nous taillons les haies. Et certains d'entre nous trouvent encore le temps d'avoir une activité bénévole ou même de lire !

N'en jetez plus, la cour est pleine. Le moment est venu de décrocher. Dites « pouce » ! Rappelez-vous que vous ne visez pas la plus haute marche du piédestal ! Si vous ne pouvez pas ranger la maison, remettez cela à un peu plus tard. Imaginons que vous trouviez sur votre répondeur trois messages de personnes qui vous demandent de les rappeler, et que vous soyez trop épuisé ou trop occupé pour le faire : laissez passer une journée avant de répondre, ou appelez-les rapidement pour leur expliquer la situation et pour fixer à plus tard votre conversation. Si vous manquez un rendez-vous, au lieu de vous traiter de tous les noms, voyez-y le signal que vous avez trop de pain sur la planche.

À une époque où on voudrait faire de nous des « super-héros », toujours d'attaque, il n'est pas mauvais parfois de savoir déclarer forfait. Encore une fois, vous n'avez pas besoin d'être parfait ! Aussi simple que cela puisse paraître, c'est un excellent moyen de vous ôter la pression des épaules.

En ce qui me concerne, dans l'exemple que j'évoquais plus haut, ma vie a repris son cours normal dès que je me suis octroyé une pause. Je me suis détendu, mes enfants et mes amis se sont montrés plus compréhensifs, et ma vie professionnelle a ralenti le pas. Alors faites comme moi : lorsque la course s'emballe un peu trop, faites un arrêt au stand !

53

Souvenez-vous que l'action vaut mieux qu'un long discours

Il faut toujours garder à l'esprit ce dicton plein de sagesse, et tout particulièrement à la maison. Chacun de nous l'a entendu mille fois, mais combien parmi nous l'appliquent à la lettre ?

J'ai toujours beaucoup aimé cette citation de Ralph Waldo Emerson : « Vos actes parlent si fort que je n'entends pas ce que vous dites. » Elle nous a été très utile, à Kris et à moi, dans l'éducation de nos enfants. Car si nos propos ont de la valeur, ils n'en ont jamais autant que nos actes.

Il est facile par exemple de dire à votre enfant ou à votre conjoint : « Je t'aime plus que tout au monde. » Mais ils ont besoin de confirmation concrète ! Si vous passez douze heures par jour au bureau et dix minutes à peine avec les êtres « que vous aimez le plus au monde », il y a là une incohérence manifeste entre vos paroles et vos actes.

On pourrait s'amuser à relever d'autres exemples, plus subtils. Si vos conversations téléphoniques prennent toujours le pas sur le temps consacré aux enfants, ces derniers ne vont pas tarder à décrypter le message : priorité n° 1, le téléphone, priorité n° 2, les gamins ! Même chose si vous avez toujours quelque chose à faire (la cuisine, la vaisselle, le ménage) avant de vous occuper de la famille.

Nous savons tous que la vie n'est pas parfaite, que les compromis sont nécessaires, et que l'équilibre n'est pas toujours facile à trouver. Tous ou presque nous devons travailler pour gagner notre vie, et parfois cette activité professionnelle mobilise la majeure partie de notre temps. C'est ainsi, nous n'y pouvons rien…

Vraiment rien? Pas si sûr. Il y a d'innombrables moyens de prouver à notre famille et à nos proches qu'ils figurent au premier rang de nos priorités. Nous pouvons refuser des engagements – professionnels ou privés – pour consacrer plus de temps à ceux que nous aimons. L'essentiel, toutefois, ce n'est pas tant de faire ce choix que la *manière* de le faire. Plutôt que de traîner les pieds en soulignant le «sacrifice» accompli, montrons clairement que nous sommes ravis d'être avec nos proches. Récemment, j'ai décliné une grosse conférence parce que je tenais absolument à assister au match de football de ma fille. J'ai essayé de lui faire comprendre que je venais par pur plaisir. Et j'ai été bien récompensé. Elle a marqué son tout premier but!

Les moyens sont multiples de parvenir au même objectif. Je sais bien qu'il y a des exceptions, mais reconnaissez que certains jours, vous restez tard au bureau par choix plus que par nécessité. Votre tâche est-elle si urgente qu'elle ne puisse être remise au lendemain? Est-elle aussi importante que le temps passé en famille?

Imaginons que vous soyez en train de parler à votre conjoint ou à vos enfants lorsque la sonnerie du téléphone retentit: vous n'êtes pas obligé de bondir pour décrocher le combiné. Vous pouvez garder toute votre attention à la conversation en cours, sans bouger d'un pouce. Vous pouvez même dire à votre interlocuteur: «C'est à toi que j'ai envie de parler et à personne d'autre.» Prononcée avec sincérité, cette phrase peut avoir une grande valeur.

Essayez aussi de vous montrer plus patient, prêtez une oreille plus attentive à ce que dit un membre de votre famille, au lieu d'attendre le moment de l'interrompre ou l'occasion de vous défiler. Chaque détail compte. Chaque choix positif renforce le sentiment d'amour dans votre famille et balaie les rancœurs, les déceptions ou la tristesse qui ont pu se développer avec le temps.

Si vous voulez établir à la maison des rapports affectueux, pleins de respect mutuel, vous n'avez pas besoin de prendre des décisions monumentales. Mais celles que vous prenez doivent exprimer sans l'ombre d'un doute que votre famille est ce qui compte le plus à vos yeux. Cela passe par des choix quotidiens, même modestes. Libre à vous de les déterminer. Mon objectif ici est uniquement de vous rappeler que la solution est entre vos mains. Et surtout ne vous contentez pas de belles promesses : passez à l'acte ! Avec un peu de réflexion, vous trouverez certainement au moins une bonne action susceptible d'améliorer la qualité de vie dans votre maison.

54

Apprenez à rester centré

Peu importe la gravité des soucis auxquels vous êtes actuellement confronté : il vous sera toujours utile d'apprendre à centrer votre esprit sur l'action en cours. C'est une qualité porteuse d'harmonie. Une personne « centrée » sait garder son calme au milieu de la tourmente et prendre les décisions qui conviennent dans la vie de tous les jours. Elle ne se laisse pas agacer par des peccadilles ni déstabiliser par les circonstances de la vie en général. Elle gère son budget avec sagesse, tient bien son ménage et commet peu d'erreurs dans ses choix.

Pour être « centré », le meilleur moyen consiste à fixer autant que possible votre attention sur l'instant présent. En surveillant le flot de vos pensées, vous pouvez mieux repérer quand cette attention se porte vers le passé ou vers l'avenir. En général, lorsqu'on est stressé, l'esprit a en effet tendance à s'évader dans un de ces deux « ailleurs » – hier ou demain. Et si vous observez ce que vous ressentez quand votre esprit a quitté l'ici et maintenant, vous remarquerez à quel point vous devenez sujet à de petits agacements. Par exemple, si vous êtes en train de penser à tout ce qui vous reste à faire aujourd'hui, et que quelqu'un vous pose une simple question, il vous apparaîtra comme un véritable fardeau de fournir une réponse réfléchie : votre attention est ailleurs, sur les tâches à accomplir. Cette préoccupation exagère votre charge de travail et vous noie dans un verre d'eau.

À l'inverse, quand votre esprit est fixé sur l'instant, vous ne vous effrayez plus de faire chaque chose en son temps, comme elle se présente. Au lieu de vous éparpiller, vous vous centrez sur votre activité du moment, puis sur la prochaine, et ainsi de suite. Un tel surcroît de concentration vous permet de gagner en efficacité et de réduire ainsi votre stress. Si vous vivez instant après instant, la vie cessera de vous apparaître comme une vague déferlante. Vous serez moins distrait par les événements marquants de votre passé comme par ceux qui se profilent à l'horizon.

Par conséquent, si vous êtes « centré » et qu'on vous dérange dans votre travail pour vous poser une question, vous n'aurez aucun mal à lever le pied pour offrir une réponse. Au lieu de paniquer, vous resterez maître de vous-même.

Quand vous parviendrez à maintenir ainsi un sentiment de bien-être, même au milieu du chaos, vous découvrirez que la vie n'est pas si terrible à affronter. Au lieu de vous rappeler la journée pénible que vous avez passée hier, ou d'anticiper celle tout aussi difficile qui s'annonce demain, vous serez mieux à même de profiter du jour présent.

55

Soyez moins susceptible

Je m'adressais à une petite assemblée réunie dans une librairie quand une main s'est levée pour me poser une question intéressante :

— En deux mots, comment décririez-vous monsieur Tout-le-Monde ?

Je me suis donné quelques secondes avant de répondre :

— Susceptible et irritable.

La salle entière a éclaté de rire car chacun a reconnu que j'avais mis le doigt sur une vérité presque universelle : la majorité des gens se laisse agacer par trois fois rien.

Si vous réussissez à devenir moins soupe au lait, vous recevrez en retour des bienfaits considérables ! Votre niveau de stress se trouvera diminué. Vous accepterez sans trop de mal les vicissitudes de la vie. Vous vous amuserez davantage, vous vous intéresserez plus aux gens et ils vous le rendront bien. Vous serez un meilleur exemple pour votre famille et pour vos amis. Vous serez moins nerveux. La vie vous semblera être une aventure, plutôt qu'une épreuve. Vous serez moins fatigué. Le quotidien vous apparaîtra sous un jour extraordinaire. La susceptibilité est un vilain défaut qui nuit à votre qualité de vie et éloigne les gens de vous.

Si vous voulez influer de manière sensible sur votre irritabilité, il va falloir en faire une vraie priorité. Surveillez vos réactions. Voyez comme le moindre incident vous fait prendre la mouche. Un mot de travers, et vous voilà prêt à voler dans les plumes de votre interlocuteur ! Quand vous aurez terminé ce travail d'observation, engagez-vous solennellement à être moins ombrageux, surtout quand il s'agit de vulgaires brouilles.

À mesure que la journée avance, tâchez de surprendre le moment où vous cédez à la contrariété. Faites-en un jeu. Chaque fois que la moutarde vous monte au nez, dites-vous quelque chose du genre : « Aïe, voilà que je remets ça ! » Vous vous apercevrez que la plupart de vos réactions excessives sont en fait inconscientes : en d'autres termes, vous ne vous rendez même plus compte de votre humeur de chien. En prêtant attention à vos pensées et à vos réflexes, vous les faites affleurer à la surface, vous donnant ainsi le loisir d'agir sur eux.

La plupart de nos comportements sont en fait des habitudes acquises. Adoptez un mode de fonctionnement rigide, et vous deviendrez rigide. Mais le contraire est aussi vrai : pratiquez la décontraction et vous serez détendu. Si vous parvenez à combiner un brin d'humilité, une aptitude à détecter vos mauvaises réactions, et enfin la détermination de changer, je suis sûr que vous obtiendrez des résultats. J'ai connu beaucoup de gens qui étaient très irritables et qui sont aujourd'hui relativement détendus, et nettement plus efficaces. J'en suis sans doute le meilleur exemple…

Une dernière chose qui mérite d'être soulignée : toutes les personnes qui comptent dans votre entourage remarqueront vos efforts louables de changement et les apprécieront à leur juste valeur.

56

Réservez du temps pour la gentillesse

Je l'avoue, quand j'ai pensé pour la première fois à cette stratégie il y a quelques années, je l'ai d'abord écartée parce que trop creuse. Après tout, me disais-je, si je suis d'un naturel gentil, pourquoi devrais-je réserver un moment particulier pour exprimer cette gentillesse ? Pourtant, j'ai essayé cette technique et, à ma grande surprise, elle a porté ses fruits. Son principe repose sur l'idée qu'il est facile de se laisser engluer dans son propre petit univers, au point de négliger les actes de générosité qui devraient ponctuer le quotidien.

Nous avons tous pour but de vivre sous le signe de l'altruisme (au moins la plupart du temps). La stratégie présente n'entre pas en conflit avec cet objectif ; elle le renforce. Quand j'inscris la gentillesse à mon agenda à heure fixe, elle déborde naturellement de ce cadre, sans effort, pour se diffuser dans toute ma vie.

Cette technique fonctionne de manière très simple. Consultez votre emploi du temps. Choisissez un moment – dix minutes, trente, une heure, ce que vous voulez – et faites comme s'il s'agissait d'un rendez-vous important. Lorsqu'il arrive, interrompez tout ce que vous étiez en train de faire pour consacrer votre entière attention à ce sentiment charitable.

Cette tranche horaire doit être réservée à un geste attentionné. En ce qui me concerne, j'en profite pour écrire un mot gentil à une personne que j'apprécie, j'envoie un chèque à une œuvre de bienfaisance, ou bien je passe un coup de fil à quelqu'un sans autre but que de lui dire : « Je t'aime. » Parfois aussi, je réfléchis à ce que je pourrais faire pour contribuer de manière positive à la vie d'une personne, ou de la communauté en général. Je me promets de participer à un événement quelconque – une distribution de repas chaud, un ramassage d'ordures ou une marche contre le sida. Ou bien je ferme simplement les yeux et j'adresse des pensées d'amour à certaines personnes. Libre à vous de choisir ce qui vous convient le mieux. Il n'y a pas de bonne ou de mauvaise manière de pratiquer cette stratégie. La seule chose qui compte, c'est que vos intentions soient bonnes.

Cette méthode s'est avérée d'une grande efficacité dans ma vie. Elle m'aide à ne pas dévier de mes objectifs déclarés. Je voudrais que la gentillesse figure dans le peloton de tête de mes priorités, non seulement sur le plan de l'intention mais aussi à travers mes actes. Je suis ainsi appelé à réexaminer ma vie sous cet angle : ai-je progressé dans la bonne direction ? Si la réponse est négative, cela m'offre la possibilité de corriger le tir. Alors n'attendez plus : fixez-vous, agenda en main, des moments de gentillesse et voyez-les s'insinuer dans tous les aspects de votre existence.

57

Arrêtez de leur casser du sucre sur le dos !

Il n'y a pas de quoi se vanter, mais j'ai pu, de temps à autre, dire du mal de certains membres de ma famille en leur absence. En revanche, je suis fier d'annoncer que cela ne m'arrive plus qu'en de très rares occasions. J'ai remarqué que moins je succombais à cette habitude, mieux je me portais, et je me suis rendu compte que mes proches se sentaient eux aussi plus à l'aise. D'une part, je me tiens en meilleure estime parce que j'ai su refuser les « cancans ». Et d'autre part, comme je ne me livre plus à cet exercice, mes interlocuteurs sont à leur tour moins enclins à le pratiquer. Résultat : dans mon entourage immédiat ou élargi, chacun a une meilleure opinion des autres. Comme c'est souvent le cas, dès qu'un membre de la famille rompt avec une habitude, les autres ne sont pas longs à lui emboîter le pas.

Quand vous cassez du sucre sur le dos de quelqu'un, cela en dit moins sur la personne visée que sur votre propre caractère et votre étrange besoin de toujours critiquer. C'est un peu comme frapper quelqu'un à terre – la personne dont vous parlez n'est pas là pour se défendre et il n'y a donc rien de très glorieux dans vos attaques.

Qui plus est, si vous prêtez attention à ce que vous ressentez quand vous dites du mal des gens dans leur dos, vous remarquerez que vous éprouvez une sorte de remords diffus, comme si votre conscience essayait de vous rappeler à l'ordre. Car en votre for intérieur, vous savez que votre comportement est dommageable.

Tout d'abord, vous risquez d'indisposer la personne à qui vous confiez ces médisances. Après tout, si vous parlez ainsi des absents, quelle assurance a votre interlocuteur que vous ne faites pas la même chose à son sujet dès qu'il a le dos tourné ? Ce manque de droiture morale contribue fortement à accroître le cynisme dans votre famille et dans le monde, car les gens en concluent que personne sur terre n'est digne de confiance.

La bonne nouvelle, c'est qu'il est à la portée de tous d'en finir avec cette mauvaise habitude. Une fois que vous avez compris à quel point elle est détestable, vous avez accompli la moitié du chemin. Le reste coule de source. Au début, vous ne remarquerez peut-être pas sur le coup que vous venez de lancer une « vacherie ». Vous vous en apercevrez trop tard. Dans ce cas, ne soyez pas trop dur avec vous-même. Au contraire, réjouissez-vous d'avoir malgré tout repéré votre vieux démon. La prochaine fois, vous saurez le surprendre au beau milieu d'une conversation. Vous pourrez vous rattraper : « Oh la la, voilà que je recommence à dire des horreurs. » Puis changez de sujet en douceur. Bientôt, cela deviendra simple comme bonjour. Vous aurez une raillerie sur le bout de la langue, mais vous l'empêcherez de sortir : vous la verrez venir avec ses gros sabots.

Tordez le cou à vos sarcasmes. Viendra le temps où vous ne vous « amuserez » plus à démolir les absents.

Quand autour de vous on brocarde quelqu'un, vous pouvez gentiment refuser de faire chorus. Prenez au contraire la défense de la personne mise en cause ou bien guidez la conversation sur un tout autre terrain. Les bénéfices que vous en retirerez seront à la fois rapides et spectaculaires. Essayez et vous vous sentirez tout de suite plus léger.

58

Réunissez-vous en famille

Le but d'une réunion de famille est d'instaurer un « terrain neutre » où des personnes qui s'aiment peuvent communiquer en toute liberté. Dans ce cadre protégé, tous ceux qui sont présents peuvent s'exprimer et se faire entendre. Chacun accepte d'écouter attentivement ce qui sera dit. Inversement, personne n'est autorisé à chapitrer son voisin ni à l'interrompre de manière intempestive. Chacun est traité avec le respect qu'il mérite. Et personne n'écrase les autres de sa prétendue supériorité.

Lors d'une réunion de famille, vous avez le droit de parler de ce qui va bien – mais aussi de ce qui ne va pas. Vous avez la faculté de partager vos réflexions en toute franchise, sans vous sentir agressé. Vous pouvez mentionner les problèmes qui vous tracassent et soumettre les solutions à l'avis général. Vous abordez tous les aspects de votre vie familiale, ceux qui vous donnent entière satisfaction comme ceux qui ont besoin d'être travaillés.

Les réunions de famille ont des vertus curatives. Dans nos existences placées sous le signe de l'urgence, il est souvent difficile de trouver le temps de s'asseoir avec les siens en famille pour partager et écouter. J'y vois pourtant le ferment indispensable d'une famille épanouie. C'est le moment où l'on apprend ce que deviennent les uns et les autres, afin de ne pas perdre contact, ou même pour faire connaissance. C'est l'occasion de découvrir ce qui les enchante, ce qui les agace ou les ravit. Il arrive souvent que se révèlent des choses qu'on ignorait sur ses parents, ses enfants, ses frères et sœurs… Ma fille cadette m'a confié un jour, pendant une réunion de famille, qu'un de mes regards lui avait déplu. Parce que nous étions dans ce cadre détendu, où la liberté de parole règne en maître, j'ai compris exactement ce qu'elle voulait dire. Le « regard » en question était chargé de réprobation. Sur le coup, je n'en avais pas eu conscience. Si Kenna avait abordé le sujet au milieu d'une journée chargée, il est probable que je n'aurais pas été aussi réceptif à sa remarque. Mais comme la raison même de nos réunions est d'améliorer la vie familiale, j'étais disponible – et capable de tirer des leçons. Depuis, je fais très attention à mes « regards ». La fois suivante, je lui ai demandé comment je me débrouillais, et elle répondu « beaucoup mieux ». Elle se sentait écoutée et respectée.

J'ai encore en mémoire les réunions de famille de mon enfance. Je me rappelle notamment que j'y avais appris certains des problèmes auxquels mes parents faisaient face. Cela m'a aidé à les considérer comme des personnes à part entière – et pas seulement comme mes parents. J'ai alors pu développer ma compassion à leur égard.

Les réunions de famille sont très utiles pour exprimer votre amour… comme pour épancher votre bile. Ainsi soulagé, vous aurez moins tendance à vous noyer dans un verre d'eau. Vous gérerez les situations comme elles se présentent, et vous trouverez des solutions qui conviennent à tout le monde.

Ces réunions ne rendront pas votre vie (ni même votre famille) parfaite. En revanche, elles vous rapprocheront les uns des autres. Que votre foyer compte deux personnes ou dix, ne laissez pas passer une telle chance.

59

Exprimez votre gratitude

Parmi les principales sources de rancœur conjugale comme familiale, je place sans hésitation le sentiment qu'ont certaines personnes d'être prises pour quantité négligeable. Malheureusement, c'est ainsi : nous sommes tellement habitués à côtoyer les membres de notre famille que nous oublions souvent de leur témoigner à quel point nous les apprécions. Peu à peu, nous considérons leur présence comme acquise. Les enfants portent ce regard sur leurs parents, et vice versa. Quant aux conjoints, il est notoire que leurs rapports s'enlisent souvent dans une routine proche de l'indifférence…

J'ai des amis dont les parents acceptent volontiers de garder leurs petits-enfants pendant une soirée, voire des week-ends entiers, et pourtant je n'ai jamais vu ces amis exprimer la moindre reconnaissance pour cet effort colossal. Ils se disent que « ça doit leur faire plaisir ; après tout, ils sont le papy et la mamie… ». Mais tout le monde a besoin de se sentir apprécié – y compris les grands-parents ! Faute d'être satisfait, ce besoin peut conduire jusqu'à la dépression nerveuse. Je l'ai vu ruiner des mariages, des relations entre frère et sœur, ou des rapports parents-enfants.

Mon conseil est simple. Chaque fois que l'occasion se présente, à la moindre indication que ce geste serait le bienvenu, n'hésitez pas à exprimer toute votre gratitude. Dites souvent « merci », et avec sincérité. Écrivez des mots de remerciement et soyez généreux avec ceux qui le sont avec vous.

Le week-end dernier, j'ai eu le douloureux privilège de prononcer une oraison funèbre. Miles, le grand-oncle de ma femme, que nous aimions tous tendrement, avait rendu le dernier soupir quelques jours auparavant. Il nous était si cher qu'il va beaucoup nous manquer.

Aujourd'hui, Kris et moi avons reçu une très belle lettre du fils de Miles et de son épouse. En voici un extrait : « Richard, sache que mon père t'a aimé dès votre première rencontre. Il te décrivait comme un homme de bien et il me rappelait souvent que tu étais la seule personne qui se soit donné la peine de lui écrire un mot de remerciement après votre séjour dans son chalet. » Voilà le pouvoir de la gratitude. Toute sa vie, Miles s'était souvenu d'une chose aussi banale qu'un « merci ». Mon geste avait marqué, parce qu'il est devenu rare dans nos sociétés modernes.

Quand une personne se sent appréciée, elle devient plus heureuse, et de compagnie plus agréable. Si vous avez des enfants, répétez-leur que vous les aimez. Parfois, Kris et moi remercions nos enfants de faire partie de notre famille. Et nous le pensons sincèrement ! Agissez de même avec vos parents, vos frères et sœurs, vos oncles et tantes, tout le monde. Faites-leur savoir combien ils comptent à vos yeux. Vous serez surpris par les résultats.

Il existe un lien direct entre la cohésion d'une famille et la propension de ses membres à exprimer mutuellement leur amour. Les adolescents qui se sentent entourés sont plus faciles à vivre et ils apprennent à s'estimer. Les femmes qui se sentent choyées aiment leurs maris, et réciproquement. La même règle vaut pour les frères et sœurs, quand ils partagent le même toit ou lorsque, adultes, ils vivent séparément. J'ai deux sœurs merveilleuses, une plus âgée et une plus jeune que moi. Toutes deux savent me témoigner leur affection, et je m'efforce de la leur rendre. C'est une des raisons pour lesquelles nous sommes restés si proches.

60

Prenez du recul

Un des thèmes majeurs de ce livre est que, s'il est facile de se laisser grignoter par des peccadilles, il y a cependant un certain nombre de stratégies susceptibles de rendre la vie familiale moins stressante. Notamment celle qui consiste à toujours remettre les choses en perspective…

Cette formule peut sembler un peu vague. Après tout, qu'entend-on par là ? Pour avoir beaucoup réfléchi à la question, je crois qu'il s'agit simplement de se rappeler que nos sujets d'agacement sont rarement des cas d'urgence. Je suis toujours fasciné par le fait que, confrontés à des crises vraiment graves (désastres naturels, divorce, faillite, maladie, mort d'un être cher, enfants malades, parents qui vieillissent, etc.), la plupart des gens révèlent un courage remarquable et regorgent de ressources. Pour une raison inconnue, face aux grands événements de la vie, nous savons nous montrer à la hauteur des circonstances en faisant appel à notre force intérieure pour traverser l'épreuve. Nous prions, nous demandons de l'aide, nous devenons plus créatifs, et nous faisons preuve d'une formidable résistance.

Pourtant, ces mêmes personnes (nous tous), qui sont capables de surmonter l'enfer de la drogue, un licenciement ou tout autre drame, perdent pied devant les « pépins » de la vie quotidienne ! Les voilà soudain déstabilisés, désemparés ou fous de rage. Tout se passe comme si les taupinières nous paraissaient plus difficiles à gravir que les plus hautes montagnes.

C'est pourquoi je juge utile de me rappeler chaque jour que mes problèmes sont pour la majorité de simples vétilles. Factures, cris d'enfants, désordre, querelles de voisinage, aboiements intempestifs, agenda trop rempli, musique trop forte, disputes avec ma femme, embouteillages, appels non retournés, mauvaises herbes dans le jardin… Broutilles que tout cela ! Je regarde les informations à la télévision et je me dis que mes ennuis ne méritent pas la une des journaux. Ils n'ont aucun caractère d'urgence. Et si je m'habitue à les considérer comme du menu fretin au lieu d'y voir une série de catastrophes, ils n'en seront que plus faciles à résoudre. Avec un peu de recul, l'existence devient un long fleuve tranquille.

Nous avons tous une chance inouïe d'être en vie et d'habiter cette merveilleuse planète. Allons-nous vraiment gâcher notre joie parce qu'il nous faut une demi-heure ou trois quarts d'heure pour rentrer à la maison le soir ? Lorsque nos enfants se disputent, à quoi bon en faire une jaunisse ? Mieux vaut l'accepter comme le cours normal des choses. Si notre maison n'est pas parfaitement rangée, nous pouvons nous sentir découragés et minables. Mais nous pouvons aussi nous réjouir d'avoir un toit sur la tête ! Si nous n'avons pas les moyens de nous offrir des vacances de rêve, nous pouvons nous apitoyer sur notre sort, ou bien monter une excursion formidable, dans les limites de notre budget. Je pourrais continuer pendant des pages et des pages. L'essentiel, c'est de comprendre que la réponse est entre nos mains. Allons-nous partir en guerre contre la vie, ou au contraire lui sourire ? Vous avez sans doute déjà essayé la première méthode. Je vous suggère à présent de prendre la vie comme elle vient. Plus vous mettrez les choses en perspective, plus vous serez heureux.

61

Ne faites pas de fixation sur vos vacances

Nous le savons, le plus clair de notre vie ne se passe pas en vacances. Et pourtant, nous exagérons l'importance de ces parenthèses récréatives au point que nous oublions de profiter du reste de l'existence, de cette routine qui constitue notre quotidien. Nous projetons nos vacances, nous les attendons avec impatience, parfois comme la seule partie de notre vie qui mériterait d'être vécue. Elles nous apparaissent comme le point culminant de l'année, une période bénie qui compensera le stress et les déconvenues accumulés pendant de longs mois de turbin. Et c'est ainsi que nous nous répétons : « Ah, vivement qu'on y soit ! »

Cette attitude soulève plusieurs problèmes. Tout d'abord, et je le suggérais d'emblée, les congés ne représentent en fait qu'un faible pourcentage de notre temps. La plupart des gens que je connais prennent trois semaines de vacances, quatre tout au plus. Le reste de l'année, c'est boulot-boulot. Passer une cinquantaine de semaines à organiser et à attendre les trois dernières, c'est un dangereux renversement de priorités et une condamnation garantie à la frustration. Pourquoi ? Parce que en mettant tout l'accent sur ce que vous réserve l'avenir, vous « décalez » votre esprit du moment présent. Au lieu de vous immerger dans l'ici et maintenant, seul moyen de savourer les joies de la vie quotidienne, vous ne pensez qu'à l'éclaircie qui se profile, à ces quelques journées où vous allez enfin vous « éclater ».

L'autre écueil des grandes espérances, c'est qu'elles sont, en majorité, parfaitement irréalistes, ce qui provoque bien des

159

déceptions. Kris et moi sommes récemment tombés dans le panneau. C'était une période particulièrement chargée et nous n'avions pas réussi à partir de tout l'été. Nous avons alors projeté un petit séjour à la plage et nous comptions les jours qui nous en séparaient. Dans mon esprit, nous allions vivre des moments formidables qui viendraient compenser un été de rude labeur. J'imaginais des rires d'enfants, un plaisir partagé, des jeux à n'en plus finir… Mais ce que je me dépeignais comme un paradis s'est révélé une épreuve infernale. Il y avait longtemps que nous n'avions pas dormi tous ensemble dans une petite chambre d'hôtel. Nous étions à l'étroit, il faisait une chaleur écrasante, et les filles se disputaient plus que d'habitude. Elles n'étaient jamais d'accord sur le programme de la journée. Kris et moi étions coincés au milieu. La plage était noire de monde, la piscine prise d'assaut, et le temps, comme de bien entendu, n'a pas été de la partie. Bref, pour une fois, nous avons tous reconnu qu'on avait plus d'espace à la maison et qu'on s'y amusait bien mieux.

Surtout ne vous méprenez pas sur mon propos. Je ne vous interdis pas de prendre des vacances ni même de lorgner dans leur direction avec impatience. Je sais parfaitement que dans bien des cas, y compris en ce qui me concerne, ce sont des moments de détente merveilleux. Mais je voudrais attirer votre attention sur cette erreur répandue qui consiste à porter les vacances au pinacle, à y voir l'expression de la « vraie vie », par opposition à la « vie de tous les jours ». Si, au lieu d'attendre cette période d'évasion pour être heureux, vous appreniez à être plus satisfait où que vous soyez, je peux vous garantir que lorsque des vacances se présenteront, vous saurez en faire une expérience riche.

Le contraire est aussi vrai. Si vous êtes d'ordinaire malheureux et stressé, il serait fou de croire que vous allez voir la vie en rose, une fois les doigts de pieds en éventail. Suivez mon conseil : faites des projets de vacances et, quand elles arrivent, profitez-en à fond. Mais n'oubliez jamais que le quotidien peut se révéler extraordinaire, pour peu que vous l'accueilliez comme un don du ciel.

62

Surveillez votre langage

On prend facilement l'habitude de casser du sucre sur le dos des gens, ou de s'adresser à eux sur un ton acerbe. Nous avons trop vite fait de marmonner un juron sous notre barbe ou de laisser échapper des racontars. Malheureusement, si naturelle puisse-t-elle paraître, cette pente a des suites fâcheuses.

Laissons de côté, pour le moment, cette lapalissade selon laquelle il n'est pas « bien » de dire du mal de son prochain et intéressons-nous plutôt à certaines conséquences moins évidentes.

Pour commencer, un ton mordant est ressenti comme humiliant ou blessant par votre interlocuteur. Personne – et en particulier au sein d'une même famille – n'apprécie cette agression verbale, et tout le monde ou presque en souffre. Une attaque suscite une réaction de défense, voire des représailles. Quoi qu'il en soit, on m'accordera que cette façon de rudoyer ses proches ne contribue pas à la paix des ménages.

Lorsque vous dites du mal de quelqu'un en son absence, la critique devient un signe flagrant de manque de respect, la personne mise en cause n'ayant pas la ressource de se défendre.

Mais il y a plus : guettez ce que vous ressentez quand vous tenez des propos acerbes. Pour peu que vous soyez attentif aux mouvements de votre cœur, vous conviendrez, je crois, que vous ne tirez aucun réel plaisir de ces médisances. Elles s'accompagnent d'une sensation d'acrimonie, d'une sorte de nausée. Plus vous exprimez de reproches, plus vous concentrez votre attention sur tout ce qui « cloche » chez les individus comme dans le reste de l'univers. Vous oubliez ainsi ce dont vous auriez lieu d'être reconnaissant. Bref, tout le monde est perdant, vous le premier !

J'ai appris cette leçon très jeune. Je n'étais encore qu'un adolescent quand j'ai eu une parole vraiment méchante (je ne me souviens pas exactement laquelle) à l'égard d'une personne. Mais au lieu de répliquer avec colère, le destinataire de ma pique m'a simplement répondu d'une voix douce :

— Est-ce que tu te sens mieux, maintenant que tu m'as manqué de respect ?

J'ai été frappé par cette réponse et je me suis senti complètement idiot. Au milieu de mon embarras, j'ai reçu une leçon positive que je n'ai jamais oubliée depuis – cette personne avait absolument raison. Du coup, au lieu de me sentir fort et malin, je me faisais l'effet d'un parfait abruti. J'ai décidé à cet instant précis de ne jamais me complaire dans le rôle du persifleur ou du censeur. Et s'il m'est arrivé de dévier de cet idéal en maintes occasions, je suis resté malgré tout assez fidèle à mon engagement. La prise de conscience du malaise que j'avais ressenti ce jour-là a été le facteur déterminant qui m'a empêché de répéter trop souvent la même erreur.

Il y a bien sûr de multiples manières, avec des degrés de méchanceté divers, d'exprimer une négativité dans nos propos : cela va de la calomnie la plus haineuse à une remarque aigre-douce, apparemment anodine. Toutefois, je me suis rendu compte que, d'un extrême à l'autre, les effets sont finalement assez similaires. Lorsque vous vous surprenez à prononcer une parole blessante quelle qu'elle soit, observez les résultats. Votre journée se poursuit-elle sur une note positive ? J'en doute fort.

Émettre des critiques (même légères) a le don de perturber l'harmonie de notre quotidien. Nous nous sentons arrogant, intransigeant et soupçonneux. Mais l'inverse est vrai. Quand nos propos sont teintés de bienveillance, nous éprouvons un bien-être durable.

Nul n'est parfait, et nous commettons tous des faux pas de temps en temps. Mais nous avons une bonne marge de progression.

Je vous propose un marché. Je ferai de mon mieux pour surveiller ma langue si vous en faites autant. Et si nous sommes suffisamment nombreux à nous engager dans cette voie, nous finirons par vivre dans un monde meilleur.

63

Asseyez-vous tranquillement

Vous arrive-t-il jamais de prendre quelques minutes pour vous tourner les pouces ? De vous asseoir sans bouger ? Si ce n'est pas le cas, vous passez à côté d'une méthode de relaxation élémentaire qui est aussi un excellent moyen de s'épargner des soucis. Nous sommes tellement occupés à courir en tous sens que nous en oublions à quel point il est agréable de s'asseoir un moment à ne rien faire. Pour ceux qui ne savent plus ce qu'est un plaisir simple, en voici un à leur portée !

Quels que soient vos responsabilités et votre emploi du temps, vous disposez certainement d'une poignée de minutes par jour pour marquer une pause. Vous en éprouverez des bienfaits immédiats, qui peuvent à eux seuls transformer radicalement votre qualité de vie. En suivant cette stratégie, vous vous ménagez un moment de répit dans une journée chargée, une occasion de vous détendre et de recharger vos batteries sur le plan physique comme mental. Vous aurez ainsi la possibilité de clarifier votre esprit et de vous ouvrir à l'inspiration. Le surmenage a pour effet secondaire de nous laisser à la merci de réactions qui sont en fait de simples réflexes : à la moindre anicroche, nous bondissons en l'air. Dès lors qu'on rompt cette dynamique négative accumulée au fil de la journée, on se donne une chance de se recentrer et de remettre les pendules à l'heure. Quand vous êtes assis et que votre esprit se tait, il arrive souvent qu'une solution à vos problèmes jaillisse comme par enchantement. Cette technique a un effet apaisant sur le système nerveux, ce qui favorise ainsi la lucidité de la réflexion.

On pourrait taxer cette suggestion de simpliste. J'ai pu vérifier qu'il n'en était rien. En fait, certaines des stratégies les plus efficaces pour améliorer notre quotidien apparaissent souvent comme des jeux d'enfant. Le problème, c'est que nous ne prenons pas le temps de les appliquer. Une liste de suggestions tout aussi « simplistes » pourrait inclure : faites du sport et dormez tout votre saoul ; mangez léger ; pensez positif ; évitez les drogues, l'alcool, etc. Si évidents que soient ces conseils, nous sommes bien peu à tirer profit de leur sagesse. S'asseoir dans le calme entre dans cette catégorie – c'est à la fois simple comme l'œuf de Colomb, et riche en vertus potentielles.

Je ne suis pas médecin, aussi je ne peux affirmer avec certitude que le fait de s'asseoir tranquillement pendant quelques minutes par jour peut avoir des incidences favorables sur votre santé – j'entends par là des effets mesurables sur le plan médical. Mais quand je me livre à cet exercice, je sais que mon corps et mon esprit se sentent plus détendus. Ma respiration ralentit et devient plus profonde. Mon cou et mes épaules se relaxent. Souvent, en l'espace d'une minute ou deux, je me sens déjà ragaillardi.

Sous l'emprise du stress, vous êtes plus enclin à vous noyer dans un verre d'eau que quand vous êtes calme. S'asseoir sans rien faire n'est pas une pilule miracle, mais c'est un substitut efficace. J'ai pu constater qu'il m'était difficile de rester « à cran » quand je prenais le temps de marquer cette pause quotidienne.

C'est sans conteste une des stratégies les plus simples que j'aie à vous offrir. Elle ne demande que quelques minutes. Elle ne coûte rien et peut se pratiquer n'importe où. Tout ce que vous avez à faire, c'est de vous asseoir et de souffler un peu. Si vous tentez l'expérience plusieurs fois par jour, vous serez agréablement surpris par votre capacité à assumer les responsabilités sans broncher. Vous aurez moins tendance à prendre une mouche pour un éléphant.

64

Prenez la vie comme elle vient

Voici une des principales leçons que j'aie jamais apprises : la vie correspond rarement à nos attentes. Elle est comme elle est. Ni plus ni moins. Et plus on s'accommode de cette vérité, moins on est stressé.

Il y a plusieurs définitions du malheur mais on peut considérer qu'il réside dans la différence entre ce que vous êtes et ce que vous voudriez être – autrement dit dans le gouffre qui sépare la réalité de vos ambitions. Chaque fois qu'un événement survient (une dispute entre vos enfants, un poste de télévision cassé, une situation embarrassante ou une fuite dans le toit), vous vous trouvez confronté à une décision capitale : allez-vous lutter contre cet incident ou au contraire l'accepter ?

La seconde solution n'a rien à voir avec l'apathie ou la résignation. Quand vous acceptez ce qui est, vous ne cédez pas pour autant au je-m'en-foutisme : « Bah, advienne que pourra, ce n'est pas mon affaire… » Certes, vous préféreriez que la situation soit autre mais, sans nier cette préférence, vous reconnaissez néanmoins la futilité qu'il y a à lutter contre le cours inexorable des choses. On pourrait présenter cette attitude comme une des formes ultimes de la sagesse. C'est en tout cas un des plus grands réducteurs de stress à la disposition de l'humanité.

En tant que parents, Kris et moi devons faire face à un certain nombre de moments délicats : le pire, c'est sans doute quand nos deux filles se disputent. Nous pourrions facilement nous décourager, croire que nos efforts sont vains. Nous pourrions tout autant nous mettre à hurler pour que cesse ce vacarme. Mais c'est ainsi, nos filles se disputent; et nous aurons beau lutter mentalement de toutes nos forces, cela ne changera rien à l'affaire.

Parfois, dans ces moments, Kris et moi échangeons un regard qui semble dire : « C'est la vie ! » Alors nous retrouvons le recul nécessaire. Un sourire réapparaît sur notre visage. Nous nous rappelons que tous les frères et sœurs du monde ont leurs querelles et, que cela nous plaise ou non, c'est bien ainsi puisque c'est le lot de toute l'humanité.

Je répète que cette acceptation ne signifie pas qu'il faille baisser les bras ou renoncer à entreprendre certains changements indispensables. La vie est faite de compromis, et nous avons tous besoin d'agir pour améliorer la nôtre et nous approcher de nos objectifs. Si vous désapprouvez quelque chose et que vous avez les moyens d'y remédier, alors parfait, ne vous gênez pas ! Croyez-le, Kris et moi faisons tout notre possible pour diminuer les frictions entre nos filles. Mais il y a un abîme entre prendre des mesures appropriées à une situation et vouloir à tout prix que la réalité se conforme à nos exigences.

La vie est un voyage. Nous aurons notre part de soucis à gérer : il y a tant d'événements déplaisants qui échappent à notre contrôle ! Mais puisqu'il en est ainsi, pourquoi ne pas voir qu'il est plus avisé de prendre l'existence comme elle vient ?

65

Prenez soin de votre santé

J'expliquais récemment à une amie que, parmi les stratégies de ce livre, il y en aurait une pour inciter les gens à prendre soin de leur santé. L'idée lui a paru judicieuse mais après un temps de réflexion, elle m'a demandé : « Quel est le rapport entre la santé et le fait de ne pas se noyer dans un verre d'eau en famille ? » Après lui avoir fourni une réponse satisfaisante à ses yeux, je me suis dit que de nombreux lecteurs pourraient se poser la même question car, à première vue, les deux notions semblent n'avoir aucun lien. Pourtant elles sont intimement liées !

Pensez à ce qui se passe chaque fois que vous, ou un membre de votre famille, tombez malade. Qu'il s'agisse d'une grippe ou de toute autre maladie, dès lors que vous êtes souffrant pour une période prolongée, votre foyer commence à s'en ressentir, de même que votre équilibre psychique.

Tout d'abord, il devient beaucoup plus difficile de garder la maison en ordre quand vous êtes couché avec quarante de fièvre. Vous avez du mal à assumer vos responsabilités, mais aussi à pratiquer les activités qui vous plaisent vraiment. Inéluctablement, vous prenez du retard dans tous les domaines : cela va des coups de téléphone à donner au temps consacré à vos proches, en passant par le rangement des placards. Et plus vous accumulez le retard, plus vous devenez stressé. Les broutilles que vous affrontez d'habitude sans sourciller risquent désormais de vous faire sauter les plombs.

Conclusion évidente : la santé est un des facteurs qui déterminent votre capacité à surnager dans un verre d'eau ! Je ne vous demande pas de devenir un maniaque de la santé, ni d'invoquer d'éventuels coups de pompe pour excuser une susceptibilité excessive. Mais j'aimerais que vous preniez en considération l'influence positive que peut avoir une bonne santé : cela comprend une bonne hygiène, un régime équilibré, un sommeil réglé, un peu d'exercice, des suppléments en vitamines, etc.

Un jour, je me suis amusé à calculer qu'il me faudrait plusieurs années de conduite à tombeau ouvert pour récupérer une seule journée de retrait de permis suite à un excès de vitesse. Quand on regarde la chose ainsi, on se dit qu'on n'a pas vraiment intérêt à écraser le champignon. Eh bien, vous pouvez considérer votre santé de la même façon : une grippe ou un rhume qui auraient pu être évités par un entretien régulier de votre condition physique vous coûteront plus de temps et d'inconvénients que les quelques mesures simples que vous pouvez prendre pour vous maintenir en forme.

Certes, nous ne sommes pas maîtres de tous nos ennuis de santé. Il n'en demeure pas moins que nous pouvons faire beaucoup pour fortifier notre organisme. Je vous exhorte à considérer cette stratégie comme un élément de base permettant d'accéder à un mieux-être général. En meilleure santé, vous serez moins susceptible de vous noyer dans un verre d'eau à la maison.

66

Occupez-vous d'abord de vos émotions !

J'ai puisé ce conseil dans le très beau livre de Victoria Moran intitulé *Un abri pour l'esprit*. L'auteur rappelle que tout ce qui, à première vue, nous paraît important – la vaisselle, le ménage, les menues responsabilités, les programmes de télévision, les courses et autres corvées quotidiennes – peut presque toujours, si nécessaire, être reporté à plus tard. Mais les émotions, elles, ne sauraient attendre. Elles sont toujours ancrées dans l'ici et maintenant. Face à elles, vous n'avez que deux choix – les traiter aussitôt, ou bien les refouler et risquer une cicatrice intérieure. Si vous leur laissez le loisir de s'exprimer, vous augmenterez l'amour qui vous lie à vos proches – sinon, vous vous écarterez d'eux, ne serait-ce que de manière infime. Un seul manquement à cette règle ne saurait suffire à vous brouiller définitivement avec votre entourage, mais il ne faut pas négliger l'effet d'accumulation : celui-ci s'exerce d'ailleurs dans un sens comme dans l'autre, selon que vous donnez la priorité aux émotions ou aux choses.

Quand j'étais enfant, mon père avait toujours la même réaction devant un incident mineur (une assiette cassée, une éraflure sur la voiture, des taches sur les meubles, etc.). Il me disait : « Ne t'en fais pas. Rien n'est irremplaçable, sauf toi. » Je me souviens encore de l'effet rassurant que produisait ce message sur l'enfant que j'étais. J'aimais entendre ces mots, car ils me confirmaient qu'aux yeux de mes parents, moi et mes sentiments comptions plus que nos biens matériels.

Je m'efforce d'appliquer la même philosophie lorsque notre maison prend des allures de capharnaüm : même si je suis débordé, je fais en sorte de placer les besoins émotionnels de ma famille au tout premier rang.

D'une certaine façon, les paroles de réconfort de mon père rejoignent cette priorité donnée aux émotions : dans les deux cas, on insiste sur l'idée qu'il ne faut pas perdre de vue l'essentiel, ne jamais se laisser aveugler par nos petites préoccupations. En d'autres termes, si votre conjoint, votre enfant ou un ami sollicite votre entière attention, il est bon d'interrompre ce que vous êtes en train de faire (dans les limites du raisonnable, bien sûr). Le désir de votre enfant de vous raconter une histoire ou l'envie de votre conjoint de vous relater sa journée donnent lieu à des moments précieux – des occasions de partager et de se créer des souvenirs. Votre gazon a peut-être besoin d'être tondu, mais cela peut attendre. Je suis rarement formel dans mes prises de position, mais je peux cependant vous garantir une chose : l'amour-propre de votre gazon ne sera pas foulé au pied si vous attendez une heure, ou même un jour de plus, pour passer la tondeuse ! Malheureusement, je ne peux pas en dire autant lorsqu'il s'agit des sentiments d'un être cher…

Rappelez-vous que, dans l'idéal, les émotions devraient toujours avoir la priorité sur le reste. En leur accordant ce statut privilégié, vous découvrirez rapidement que vos joies sont plus intenses, et que vos rancœurs s'éteignent plus vite. Et de toute façon, vous finirez bien par la tondre, cette pelouse ! Ce simple changement de perspective peut transformer radicalement l'atmosphère de votre maison. Alors avant de vous précipiter dans le jardin pour tailler les rosiers, assurez-vous qu'il n'y a pas une priorité d'un autre genre dans votre famille. Vous ne le regretterez pas.

67

Ne dressez plus le bilan comptable

Je vois sans arrêt des gens tomber dans ce piège qui conduit généralement à l'insatisfaction. « Dresser son bilan comptable » signifie garder trace de ses moindres actions. Cela revient donc à consacrer du temps et de l'énergie à comptabiliser ses erreurs. Par exemple, vous vous adressez des reproches comme « j'ai crié quatre fois après les enfants aujourd'hui » ou « voilà trois semaines que la maison est en désordre ».

Le problème, quand on tient ce genre de comptabilité, c'est qu'on a rarement, très rarement, le sentiment d'en avoir assez fait. On se focalise en priorité sur tout ce qu'on devrait améliorer. Ce défaut de perspective exerce une pression supplémentaire sur une vie déjà sous tension, puisque vous vous inventez un censeur qui vous suit dans la maison à longueur de journée pour vous rappeler que vous n'êtes pas à la hauteur. Et même si vous ne vous en tirez pas trop mal selon vos critères, il n'en reste pas moins que cette manière de « dresser le bilan » travaille en votre défaveur. En effet, elle vous rappelle sans cesse que vous ne mériterez le bonheur (au moins la satisfaction) que lorsque tout sera en ordre.

Il est beaucoup plus sage de fixer son attention sur le moment présent, en prenant simplement la décision de faire de son mieux, dans chaque situation donnée. Si la maison est mal rangée et que vous avez le temps et le courage d'y remédier, alors allez-y, commencez. Observez cependant que vous êtes moins sujet à la fatigue lorsque vous évitez de calculer le temps passé à tout briquer, ou quand vous cessez de vous répéter « ça ne sert à rien, puisque tout sera encore sale demain ». Tâchez de penser le moins possible à toutes les autres fois où vous avez fait le ménage. Concentrez-vous exclusivement sur celui du jour.

Dès qu'on supprime tout facteur d'estimation, on s'aperçoit que chaque tâche coûte moins d'efforts et que, surtout, on se sent moins submergé. Toute tendance à évaluer votre performance est une distraction qui nuit à votre rendement aussi bien qu'au plaisir que vous pouvez tirer de vos tâches quotidiennes. Le même principe s'applique à vos autres activités, ainsi qu'à l'éducation de vos enfants. Par exemple, au lieu de compter le nombre de fois où vous avez dû intervenir aujourd'hui pour faire cesser une dispute, efforcez-vous de gérer la querelle en cours sans y ajouter le fardeau de toutes celles qui l'ont précédée. Je suis convaincu que ce simple changement de perspective vous facilitera grandement l'existence.

Car il y a quelque chose de plaisant à tenir une maison et à élever des enfants quand l'esprit n'est pas constamment assailli par des notions de performance et de perfectibilité. En restant dans l'instant présent, vous éliminez le stress tout en augmentant votre potentiel productif. Vous accroissez ainsi vos chances de trouver du plaisir dans les activités quotidiennes. Arrêtez de penser au « score » et la partie deviendra tout de suite plus amusante !

68

Imaginez qu'on vous observe à votre insu

K ris m'a suggéré cet exercice un jour où j'avais piqué une crise, exaspéré par le tohu-bohu monstre que généraient mes filles. Elle m'a dit avec beaucoup de tendresse :
— Richard, essaie d'imaginer qu'un inconnu est assis sur ce canapé en train d'observer tes réactions.

En règle générale, je suis plutôt le genre d'homme à considérer que je n'ai pas grand-chose à cacher. Pourtant, sa remarque m'a apporté un éclairage nouveau. Je me suis immédiatement rendu compte que j'avais dépassé les bornes. Je me suis donc demandé : « Réagirais-je de la même façon devant témoin ? » Probablement pas. Même si ce charivari m'indisposait, il ne méritait certainement pas que je me mette dans tous mes états. Il valait mieux laisser passer l'orage et dépenser ailleurs mon énergie.

C'est une stratégie intéressante à pratiquer – parfois très révélatrice. La prochaine fois que vous vous sentez agacé par une situation domestique, imaginez qu'un étranger soit en train de prendre des notes sur votre comportement, dans l'espoir peut-être de trouver une solution opératoire. Cette technique peut vous inciter à plus de modération. Au fond, elle permet cette « remise à zéro » des compteurs dont nous avons parlé dans un chapitre précédent. En vous rappelant soudain que vous êtes sur le point de vous noyer dans un verre d'eau, elle remet les choses en perspective.

Je ne vous demande pas de fonder toutes vos actions sur ce que les autres pourraient penser de vous : ce serait là une méthode superficielle, presque une incitation à l'hypocrisie. Mais il n'est pas inutile, à mon avis, de garder à l'esprit l'image idéale que nous souhaiterions offrir au monde. Cette stratégie peut faire office de « baromètre intérieur », dont l'aiguille pointerait toujours sur nos objectifs et nos valeurs. Par exemple, si vous courez aux quatre coins de votre appartement en maudissant le désordre ou l'étroitesse des lieux, arrêtez-vous un moment pour vous livrer à cet exercice : vous risquez soudain de rire de votre manque évident de recul et de gratitude. Si, comme moi, vous avez parfois tendance à vous crisper à la maison, suivez le conseil de Kris : imaginez ce que pourrait en penser un témoin indiscret…

69

N'oubliez jamais :
« à l'intérieur comme à l'extérieur »

Ce précepte m'a souvent aidé dans ma vie adulte. Grâce à lui, vous saurez mettre les choses en perspective quand la vie paraîtra s'emballer. Il repose sur la compréhension que le monde extérieur (votre environnement, le niveau sonore, le calme relatif ou la confusion qui règnent autour de vous) est en grande partie le reflet de votre « monde intérieur », autrement dit du degré de sérénité qui règne dans votre esprit.

Beaucoup de gens opposent une forte résistance à cette stratégie car elle exige beaucoup d'humilité. Sommes-nous prêts à admettre qu'une vie confuse est causée, même en partie, par un esprit confus ? Évidemment, il est plus facile de montrer du doigt les circonstances, le poids des responsabilités ou un agenda trop rempli. Mais si vous avez l'humilité de reconnaître la vérité de ce message, il peut se révéler très utile : alors que vous avez finalement peu de contrôle sur votre environnement extérieur, vous avez le pouvoir de modifier votre vie intérieure.

Où que vous alliez, vous y êtes, de Jon Kabat-Zinn, est un de mes livres préférés. Méditez ce titre quelques instants. Il suggère à raison que si vous êtes stressé chez vous, vous recréerez des conditions similaires partout ailleurs. Autrement dit, vous « trimballez » votre stress dans vos bagages. Vous connaissez certainement une personne qui est toujours en retard. Est-ce que cela change quelque chose à l'affaire si vous lui donnez dix minutes de plus pour se préparer ? Non. La raison en est simple : ce qui crée le retard, ce n'est pas l'horloge, ni l'heure fixée du rendez-vous, ni l'emploi du temps du jour. La véritable responsable, c'est une mauvaise habitude personnelle – la tendance à attendre toujours la dernière minute pour se mettre en mouvement. Vous aurez beau changer les conditions extérieures (le lieu du rendez-vous, son objet, etc.), la personne trouvera toujours le moyen d'arriver en retard. Elle pourra présenter toutes sortes d'excuses, mais le résultat sera le même. Son habitude, comme toutes les autres, trouve sa source dans son inconscient et rejaillit dans sa vie.

Cet exemple nous aide à résoudre la question esquissée plus haut : « Qu'est-ce qui vient en premier, un esprit serein ou une vie sereine ? » Si l'on se réfère au titre de Kabat-Zinn, la réponse, bien que difficile à admettre, est évidente : le calme de l'esprit précède celui de votre vie extérieure. En d'autres termes, si votre existence vous semble chaotique, il faut commencer par faire le ménage « là-haut », dans votre mental. Vous avez peut-être besoin d'une pause ou d'un changement de rythme. Consacrez un peu plus de temps à vous-même et un peu moins, par exemple, à regarder la télévision. Il vous serait peut-être profitable de prier plus souvent ou d'acquérir des techniques de méditation ; peut-être avez-vous besoin de sommeil ou au contraire de vous lever plus tôt. À chaque individu correspondra un remède différent, pour la bonne raison que nous sommes tous différents. Mais le seul fait d'admettre que la racine du problème est en nous (et non dans les circonstances extérieures) s'avère souvent décisif : il désigne le vrai coupable au lieu de simples boucs émissaires. La prochaine fois que vous vous sentez énervé ou débordé, regardez en vous. Vous conviendrez certainement que votre vie extérieure est le reflet de votre monde intérieur. Ce lien admis, vous avez des chances de trouver les mesures à prendre pour résoudre vos problèmes.

70

Établissez une relation nouvelle avec une personne que vous connaissez déjà

Nous nous installons souvent dans des rapports routiniers avec les membres de notre famille ou avec toute personne partageant notre existence. Parmi les habitudes qui se créent ainsi, on peut citer, sans exhaustivité : une susceptibilité excessive, une communication sur le mode défensif, des reproches continuels, une piètre qualité d'écoute, certaines exigences implicites… Plus on connaît une personne (conjoint, enfants, parents, camarade de chambre, etc.), plus on a tendance à préjuger de ses réactions : on croit deviner à l'avance ce qu'elle pense ou ce qui la fait bondir. Nous légitimons ensuite ces attentes en ne voulant voir que les comportements qui les confirment, et en laissant de côté tout le reste.

Depuis quelque temps déjà, je me suis rendu compte par exemple que j'avais adopté cette attitude à l'égard de ma fille : chaque fois que je lui proposais une nouvelle activité, je m'attendais à essuyer un refus de sa part… et le fait est que je me trompais rarement. Je lui suggérais quelque chose et elle me répondait « je n'ai pas envie ». Peu à peu, je me suis aperçu que non seulement je devinais ses réponses mais que, échaudé par mes déconvenues, je ne cherchais plus que la confirmation de mes attentes. Je m'irritais de ces refus, j'y lisais toutes sortes de mobiles, au lieu de considérer chaque situation comme un cas particulier, avec un esprit d'ouverture.

Pour détruire ce cercle vicieux, j'ai décidé d'instaurer avec ma fille une relation nouvelle. Il m'a fallu examiner ma propre part de responsabilité dans ce conflit, au lieu de me concentrer uniquement sur les réactions de mon enfant. N'avais-je pas tendance à présenter mes « suggestions » un peu trop comme des « impératifs » ? Je n'ai pas tardé à me rendre compte que le problème venait en grande partie de moi ! Au lieu de la motiver, mon enthousiasme la paralysait. Elle décidait alors de ne s'engager dans aucune activité nouvelle. À chaque fois, j'étais déçu, ce qui m'incitait à me montrer encore plus enthousiaste ! Et je ne faisais bien sûr qu'aggraver la situation. Quand j'ai modifié mon approche, notre relation a elle aussi évolué.

Le changement a été sensible. Aujourd'hui, j'ai compris que le problème résidait essentiellement dans mes attentes. Celles-ci étaient d'ailleurs doubles : j'espérais que ma fille applaudirait à mes propositions… tout en anticipant ses refus ! Je sais à présent qu'elle adore explorer de nouvelles activités, mais elle préfère le faire à son rythme – pas au mien. Ce qui l'indisposait, c'était ce père trop pressant qui exigeait d'elle une adhésion inconditionnelle. Avec le recul, je ne lui reproche rien ! De son côté, elle a compris que mon enthousiasme n'est rien d'autre qu'une expression de mon amour pour elle. Et c'est ainsi, en apprenant le respect mutuel, que nous grandissons tous les deux.

Pour instaurer une nouvelle relation avec une personne que vous connaissez déjà, il faut d'abord mettre au rancart les vieilles rancœurs comme les grandes espérances. Cela passe par un pardon global et par une volonté réelle de tourner la page. Il y a sans doute une personne dans votre vie, peut-être même plusieurs, avec qui vous auriez intérêt à repartir de zéro. Je vous incite à considérer cette stratégie avec modestie et sincérité. Les récompenses ne se feront pas attendre. Et l'avantage, c'est que personne ne doit changer, sauf vous.

71

Surveillez vos « attaques mentales »

Dans tous mes ouvrages, comme dans mes conférences, j'essaie de me pencher sur le thème des « attaques mentales ». La maison étant pour beaucoup un lieu propice à cette forme de stress, ce livre ne fera pas exception.

Nous sommes des créatures pensantes. Mais parce que l'activité de l'esprit est permanente, il nous est facile de l'oublier. Quand nous sommes plongés dans nos réflexions, elle devient automatique. En d'autres termes, nous pouvons avoir des pensées diverses – « j'ai du pain sur la planche », « j'en ai plein les bottes », « c'est toujours moi qui écope du plus gros boulot », etc. – sans même être conscients que nous travaillons du chapeau.

Le problème, c'est que nos cogitations nous reviennent sous forme de sentiments. Si nous formons une pensée pleine de colère, nous nous sentirons en colère. Si nous avons des pensées de rancœur, nous nous sentirons rancuniers. Et si nous avons des pensées stressantes, nous nous sentirons stressés. Vous ne me croyez pas ? Essayez de vous mettre en colère sans songer à quelque chose d'irritant ! C'est impossible. Vos émotions suivent vos pensées aussi sûrement qu'un agneau suit sa mère.

De façon typique, une « attaque mentale » se produit ainsi : nous avons une pensée du genre « cette maison est une vraie porcherie ». En soi, c'est inoffensif. Mais nous avons rarement la sagesse d'étouffer le mal dans l'œuf. Cette première réflexion en amène d'autres : « Je suis le seul ici à faire un effort », ou même : « Je hais cet endroit. » Bientôt, nous voilà en colère. Mais nous ne mesurons pas à quel point notre intellect a contribué à cet état de nerfs.

Face à une attaque mentale, il n'y a que deux solutions. Le plus souvent, vous ruminez ces pensées jusqu'à ce que vous finissiez par éprouver leurs effets stressants. Vous enfilez alors les idées noires jusqu'à ce que la sonnerie du téléphone ou de la porte d'entrée vienne vous distraire.

La deuxième solution consiste à vous prendre sur le vif, au moment où vos pensées s'apprêtent à faire boule de neige. Guettez ce qui se mijote dans votre cerveau. Dites-vous : « Attention, voilà que ça recommence », quand vous sentez que vos méninges vont vous jouer des tours et exacerber le stress que vous éprouvez déjà. En surveillant ces élucubrations vous évitez tout débordement. Vous reprenez du recul en ne leur permettant pas de vous dépeindre la réalité sous un jour plus sombre qu'elle n'est. Vous vous en doutez, plus tôt vous intercepterez cette attaque mentale, plus il vous sera facile de vous remettre sur de bons rails.

Je ne saurais trop vous dire à quel point cette technique m'a été utile dans ma vie. Des milliers de personnes ont su en tirer profit. Pourtant, je dois vous avertir : si le principe est simple, la mise en œuvre n'est pas toujours évidente. En effet, lorsque vous commencerez à y faire attention, vous vous apercevrez sans doute que ces attaques mentales sont bien plus nombreuses que vous ne l'imaginiez. Mais vous serez largement payé en retour. Avec un peu de pratique, vous deviendrez de bien meilleure composition.

72

N'alourdissez pas votre fardeau

La quantité de travail à accomplir de façon répétée dans une maison est certes considérable, mais il y a cependant une tendance presque universelle à surestimer ces tâches et le temps que nous y consacrons. Avant que vous ne sautiez au plafond en disant : « Parlez pour vous ; je n'exagère pas ma somme de travail », je dois avouer que je suis aussi coupable que les autres. Très souvent, je me suis surpris à prononcer des phrases du genre : « J'ai passé toute la journée à faire le ménage », ou : « Il m'a fallu quatre heures pour ranger le grenier. » En réalité, j'avais passé au maximum quelques heures à faire le ménage, et j'avais farfouillé une heure ou deux dans le grenier. Une de mes amies disait parfois à ses enfants :

— J'ai passé tout mon dimanche à vous nourrir.

Elle avait en effet dédié la journée à ses enfants, et les repas avaient pris une part importante. Mais après y avoir réfléchi, elle reconnaissait volontiers que le temps réel passé à préparer les repas, à donner à manger et à faire la vaisselle devait se monter à une heure et demie. Il est capital de garder une juste mesure des choses car si vous exagérez la dépense d'énergie nécessaire, vos tâches vont bientôt vous paraître écrasantes, comme si votre existence se résumait à une litanie de corvées.

Malheureusement, c'est désormais un signe de statut social que de paraître toujours occupé. Jamais ou presque vous n'entendrez quelqu'un vous dire qu'il a passé une demi-heure à se détendre en feuilletant un magazine, ou qu'il a bavardé un bon moment au téléphone avec un ami, alors que ces deux activités agréables ont constitué une partie de sa journée.

À première vue, il ne paraît pas très grave de forcer la note sur le travail que vous effectuez à la maison. Mais en y regardant de plus près, vous risquez d'avoir des surprises. Plus vous en rajoutez, plus le problème grossit, plus la vie vous paraît difficile. Vous finissez par vous apitoyer sur votre sort, vous vous posez en moderne Sisyphe, condamné à pousser, sur la pente d'une montagne, un rocher qui redescend sans cesse. Vous créez une fatigue nerveuse et physique en tenant le bilan comptable de ce que vous avez fait, de ce qu'il reste à faire, et du peu de temps que vous avez devant vous. Autrement dit, vous vous lamentez sur la masse de travail qu'exige l'entretien d'une maison, en oubliant que cette maison, vous êtes bien content de l'avoir ! Comme vous perdez de vue le tableau d'ensemble, vous finissez par éprouver du ressentiment pour ce qui est en fait un privilège.

Encore une fois, je ne mets pas en doute la somme de travail qu'il y a à accomplir dans une maison. Croyez-moi, j'en sais quelque chose ! Loin de moi l'idée de diminuer les mérites de celui ou de celle qui assume cette besogne difficile, souvent sous-estimée. Mais le fait est là : si vous évitez ce défaut, vous réduirez de manière sensible le stress que peut susciter la vie domestique. Vous pourrez alors mieux profiter de vos moments de pause, au lieu de vous répéter que la vie n'est qu'une succession de corvées toujours recommencées.

73

Dites-leur d'aimer la vie

Je termine souvent mes lettres par cette phrase : « Aimez la vie. » Je me sers aussi de cette formule quand je dédicace un livre ou que je laisse un message sur mon répondeur. Je m'emploie ainsi à rappeler aux gens combien la vie est précieuse, et comme nous avons de la chance d'habiter cette planète. Quand j'utilise ces mots, c'est toujours avec la plus grande sincérité. En fait, je considère que la gratitude est un outil essentiel – sinon le plus important – pour mener une existence sereine : elle nous permet de garder du recul vis-à-vis de nos soucis.

Car trop souvent, nous considérons le don de la vie comme une évidence. Nous courons en tous sens comme si nous avions l'éternité devant nous, nous nous laissons guider par l'habitude plus que par la sagesse, et nous négligeons des priorités pourtant affirmées. Nous oublions de remercier le ciel pour tout ce que nous possédons – une maison, une famille, des biens, la santé, la vie elle-même.

Pourtant, je me suis rendu compte que lorsque j'exprime cette reconnaissance, la plupart des « petits pépins » qui m'agaçaient hier prennent soudain beaucoup moins de relief. Je les regarde à distance, avec sang-froid. Plus rien ou presque ne peut m'atteindre. Parfois, j'arrive même à sourire au milieu de la plus grande confusion.

Quand vous rappelez à votre entourage d'aimer la vie, vous ne pouvez pas vous empêcher de l'aimer vous-même. Essayez.

Adressez ce simple message à votre conjoint, à votre enfant, à un ami, un parent ou un voisin, et observez ce qui se passe en vous. Vous allez probablement éprouver un sentiment de gratitude. Votre journée, comme celle de votre entourage, gagnera en qualité. Vous serez plus doux, plus modeste et plus généreux ; vous prendrez le temps de humer les roses et de contempler le ciel bleu.

Je vous encourage à appliquer tous les jours cette stratégie. Dites à vos proches d'aimer la vie. Vous rendrez un service insoupçonnable à l'humanité (et à vous-même au passage).

74

Ne retombez pas toujours
dans les mêmes erreurs

I l y a plusieurs années, un journaliste interrogeait le champion de tennis australien Ken Rosewall sur le secret de sa réussite. Voici ce qu'il répondit :

— Je fais beaucoup d'erreurs, mais j'essaie de ne pas les répéter.

Cette confidence m'a toujours frappé. Je me suis aperçu que ce message pouvait m'aider à réduire le stress que j'éprouve à la maison.

Pour peu qu'on veuille y réfléchir, les erreurs ne sont pas très importantes. En fait, nous sommes tous prêts à reconnaître que nous avons besoin d'en faire pour apprendre et pour progresser. Le problème, c'est que nous ne prenons pas assez le temps d'examiner ces erreurs, ce qui nous entraîne à les répéter – *ad vitam.*

J'avais par exemple la mauvaise habitude de répondre au téléphone même quand j'étais très occupé. Je courais deux lièvres à la fois. J'étais déjà en retard pour conduire les enfants à l'école quand le téléphone sonnait. Au lieu de laisser le répondeur remplir son office, j'aggravais mon cas en décrochant moi-même. Et voilà qu'une personne à l'autre bout du fil mobilisait mon attention au pire moment. Presque toujours, mon interlocuteur ne tardait à sentir qu'il me dérangeait :

— Pourquoi as-tu décroché si tu n'as pas le temps ? me demandait-on parfois.

J'ai dû retomber dans cette erreur des centaines de fois avant de comprendre enfin et d'ajuster mon comportement en conséquence. À présent, lorsque je suis pressé et que le téléphone sonne – eh bien, je laisse sonner. Je ne songe même pas à répondre. Et quel soulagement ! Ce changement tout bête a apporté un peu de calme dans ce qui était autrefois le moment le plus fou de la journée.

Par la suite, j'ai su corriger d'autres erreurs à répétition : je ne me mêle plus des disputes de mes filles, je ne charge plus mon agenda jusqu'à la gorge, je n'attends pas trop longtemps pour ranger mon bureau, etc.

Considérez vos propres erreurs. Le fait que vous les commettiez n'est pas très grave ! La véritable question est la suivante : « Êtes-vous engagé dans un comportement récurrent que vous pourriez modifier ? » Dans la plupart des cas, la réponse est oui. Je vous garantis qu'on éprouve un sentiment de libération à admettre ses erreurs et à décider de les corriger. Vous pouvez sortir du cercle vicieux.

75

Sachez reconnaître quand
une personne « n'imprime pas »

Vous avez sans doute déjà entendu cette expression : « Il ou elle n'imprime pas. » Cela veut dire que la personne ne comprend pas ce que vous dites, qu'elle ne « percute » pas. Je me souviens par exemple que j'essayais d'apprendre à ma fille aînée à additionner deux nombres. Comme tout le monde, avant de savoir calculer de tête, elle en était réduite à compter sur ses doigts. Mais dès que le déclic s'est produit, dès qu'elle a « imprimé », c'était parti.

Il aurait été inutile (et cruel) de me fâcher contre elle sous prétexte qu'elle n'avait pas la bosse des maths. Elle n'était simplement pas encore prête. Comme tous parents dignes de ce nom, ma femme et moi avons fait preuve de patience : nous lui avons laissé le temps de digérer l'information.

Chacun peut saisir la pertinence de cette notion de « percuter » quand il s'agit d'une enfant de cinq ou six ans qui apprend à faire des additions. Mais c'est une autre affaire quand il s'agit d'un adulte, que nous présumons « averti ». Par exemple, si vous avez un conjoint un peu dépensier, vous pensez sans doute (et peut-être à tort) qu'il ou elle sait vraiment ce qu'est un budget. Vous croyez peut-être que vos enfants savent ce que veulent dire la patience, la gentillesse ou le silence, toutes choses qui vous paraissent aller de soi. Mais tout le monde ne maîtrise pas forcément ce que nous prenons pour des notions de base. Souvent, la personne à qui vous

vous adressez ne demande pas mieux que de se conformer à vos souhaits, mais elle ne comprend pas ce que vous voulez. C'est comme si vous lui parliez en hébreu.

En prenant en considération cette éventualité, vous vous épargnerez bien des frustrations. Vos préjugés et vos exigences feront place à la compassion. Au lieu d'agir sous l'emprise du stress, vous serez plus disposé à vous transformer en professeur patient, afin d'éclairer votre interlocuteur. De son côté, celui-ci se montrera plus réceptif à vos suggestions. Encouragé par votre attitude, il saura donner le meilleur de lui-même.

Récemment, ma femme a eu une conversation très instructive avec notre baby-sitter. Celle-ci s'entendait à merveille avec les enfants, mais à notre retour, on aurait dit qu'une tornade s'était abattue sur la cuisine ! Chaque fois, nous lui rappelions de tout ranger derrière elle, et elle nous répondait immanquablement : « Pas de problème, comptez sur moi. » Mais à chaque fois, nous trouvions la même pagaille. Un peu énervés, nous envisagions de ne plus faire appel à ses services quand Kris s'est dit qu'après tout, elle ne savait peut-être pas ce que voulait dire « ranger ». Et à sa grande surprise, Kris découvrit qu'elle avait vu juste ! Pour notre baby-sitter, la cuisine était bien assez propre telle qu'elle nous la laissait. Apparemment, la sienne devait souvent être en désordre et cela ne la dérangeait pas outre mesure. Mais nous avions des critères plus exigeants… L'histoire s'est bien terminée. Kris et moi avons passé une demi-heure à lui montrer exactement ce que nous attendions. Aujourd'hui, quand nous rentrons à la maison, la cuisine est impeccable. Le solution ne consistait donc pas à lui sonner les cloches ni à la renvoyer : il fallait simplement l'aider à « imprimer » ce que nous appelions une cuisine « propre ». Essayez cette technique et vous résoudrez de nombreux problèmes quotidiens.

76

N'attendez pas de votre famille qu'elle vous traite comme tout le monde

J'ai entendu bien des patients se plaindre que les membres de leur famille les traitaient plus mal qu'ils ne traitaient des personnes extérieures. Ces patients regrettaient d'être interrompus, ignorés, considérés avec moins de respect que les amis, des collègues de travail, voire même de parfaits inconnus.

Si vous ne voulez pas vous faire de cheveux blancs à la maison, il faut absolument que vous assimiliez cette vérité inéluctable : les membres de notre propre famille – autrement dit, les êtres que nous aimons le plus au monde – ne portent pas le même regard sur nous que sur les autres. Ils savent déceler en nous le pire et le meilleur (comme nous le décelons en eux). Cela s'explique par le fait que nous nous laissons aller plus facilement avec nos proches qu'avec de simples connaissances. Nous sommes moins sur nos gardes. Autrement dit, nous ne craignons pas, en exprimant notre colère, ou notre irritation, de mettre en péril l'amour que nous recevons de notre famille. Nous ressentons rarement, voire jamais, le besoin de faire bonne figure ou de nous prétendre autres que nous sommes.

Les membres de notre famille savent mieux que personne ce qui nous titille et ce qui nous fait bondir. Cela s'explique par la promiscuité dans laquelle nous vivons. Parce qu'ils nous connaissent sur le bout des ongles, ils sont plus à même de voir nos failles. Au lieu de nous en offusquer, nous pouvons apprendre à apprécier cette mise à nu. D'une certaine façon, il est réconfortant de savoir que nous pouvons être aimés – en restant nous-mêmes !

Mes filles, mieux que personne, connaissent mes défauts comme mes qualités. Elles ont parfois l'occasion de me voir sous mon mauvais jour. Situation embarrassante pour moi (et cocasse pour elles) puisque après tout je suis censé apprendre aux gens à mener une vie de sérénité... Il arrive que je quitte la maison pour aller donner une conférence juste après un accrochage avec elles. Un jour, alors que j'avais la main sur la poignée de la porte, l'aînée m'a lancé sur un ton sarcastique :

— C'est ça, papa, va leur apprendre à se calmer !

La gifle ! Mais elle avait tapé dans le mille...

La seule façon de ne pas en faire un drame, c'est de l'accepter comme le lot commun : nous sommes tous logés à la même enseigne. Et en fin de compte, cette franchise parfois un peu brusque nous fait du bien. Cela nous apprend à rester modestes. Curieusement, c'est même une des choses qui rendent la vie de famille si unique. Pensez-y. Vous ne supporterez sans doute jamais que des étrangers vous parlent comme le font votre conjoint ou vos enfants ! À mesure que vous apprendrez à accepter cette particularité, vous en verrez mieux le côté drôle et innocent. Vous vous apercevrez aussi que vous ne traitez pas autrement les membres de votre famille. Alors détendez-vous. Même s'ils vous semblent parfois avoir la dent un peu dure, ils vous aiment tendrement.

77

Faites du camping

Voilà un conseil qui peut sembler étrange à première vue, mais je suis très sérieux ! Si vous avez besoin d'une stratégie qui vous redonne le goût de votre confort domestique, ne cherchez pas plus loin. Et en prime, vous allez vous amuser !

J'ai un ami qui a passé tout un été à emmener des jeunes issus de milieux défavorisés faire du camping et des excursions sac au dos. Ce programme visait, entre autres choses, à les réconcilier avec leur vie de tous les jours. Cet ami m'a expliqué que ce fut une réussite totale. Après avoir été exposés à la beauté de la nature (mais aussi à la discipline du campement et au confort plus que rudimentaire), ces adolescents eurent plus de plaisir à rentrer chez eux – quelle que soit la modicité de leur domicile. Je me suis rendu compte que j'obtenais un résultat identique en emmenant ma propre famille faire quelques jours de camping. Invariablement, nous regagnons nos pénates avec plus d'humilité et de reconnaissance.

Dans la nature, les choses les plus simples deviennent compliquées : cuisiner, faire bouillir de l'eau pour le café, s'installer confortablement pour dormir, laver la vaisselle, prendre une douche, lire le soir, pour ne citer que quelques activités. Le seul fait d'aller aux toilettes peut se révéler rocambolesque. Selon l'endroit où vous campez, vous devez soit marcher jusqu'aux sanitaires soit, dans certains cas, creuser vous-même votre fosse d'aisance…

Ne vous méprenez pas. Le camping est aussi très amusant et, je crois, excellent pour le moral. Mais il faut s'accommoder d'une certaine rusticité et ne pas craindre de retrousser ses manches. L'été dernier, quand nous sommes tous partis dans une forêt de pins pour notre expédition annuelle, mes deux enfants ont été dévorées par les moustiques. Elles ont aussi raté leur émission préférée et regretté quelques livres que nous n'avions pas pu caser dans la voiture. Bref, nous avons tous été d'accord pour reconnaître qu'au fond, notre maison n'était pas si mal…

Avec le camping, une chose est sûre : quand vous rentrez chez vous, vous appréciez à leur juste valeur un bain chaud et un lit moelleux. La prochaine fois que vous vous plaindrez de votre « humble » demeure, organisez une petite semaine de camping. Vos doléances disparaîtront bien vite.

78

Dites-vous :
« Mon enfant, mon professeur »

Kris et moi trouvons ce précepte si utile que nous nous le répétons souvent l'un à l'autre. Il incite à considérer son enfant non pas comme une simple extension de soi-même, ni comme un être exigeant, mais comme une personne dont la fonction est, entre autres, d'éclairer les adultes sur certains aspects de l'existence.

Quel que soit leur âge, en effet, nos enfants sont nos meilleurs professeurs. Ils ont la faculté de nous enseigner certaines leçons importantes de la vie – par exemple la patience, l'amour inconditionnel ou le respect mutuel. Ils savent trouver des solutions pleines d'imagination et acceptent de manière spontanée le caractère inéluctable des changements. Jour après jour, minute après minute, nos enfants nous placent dans des situations qui recèlent presque toujours un enseignement de poids.

Ceux d'entre vous qui sont parents savent quelles joies, mais aussi quels défis, représente l'éducation des enfants. Ces petits sont capables, mieux que personne, de nous pousser dans nos derniers retranchements. La prochaine fois que vos nerfs seront mis à rude épreuve, je vous suggère de considérer la situation sous un angle original. Au lieu de réagir comme vous le faites d'habitude, tentez une petite expérience. Employez-vous à discerner quelle leçon votre enfant soumet à votre sagacité. Demandez-vous : « En quoi agit-il comme un professeur ? »

J'ai appliqué cette stratégie il y a peu de temps et voici ce qui s'est passé. Une des choses qui me font bondir, c'est qu'une de mes filles me réponde avec insolence. Ma réaction habituelle consiste à sermonner l'impertinente, ce qui, vous vous en doutez, a un impact minime sur son comportement présent ou futur. Ce jour-là, j'ai tenté une approche différente. Je me suis demandé : « Y a-t-il une leçon à tirer ici ? Est-ce qu'elle essaie inconsciemment de m'apprendre quelque chose ? »

J'ai répondu par l'affirmative aux deux questions. Deux évidences m'ont sauté aux yeux. Premièrement, je devais faire preuve de plus de patience. Comme je réagis trop vite à ce que je prends pour de l'insolence, j'ai tendance à grossir hors de proportion les reparties de ma fille. Avec le recul, je m'aperçois souvent que ses commentaires n'étaient pas aussi irrespectueux que je l'avais imaginé – inutile après tout d'en faire toute une histoire.

Deuxièmement, je me suis rendu compte que ma fille a appris à communiquer principalement au contact de sa mère et au mien. Or, je ne fais pas toujours montre d'une faculté d'écoute irréprochable. Comment pourrais-je exiger cette perfection de ma fille ? En y regardant de plus près, j'ai constaté qu'elle tendait à me répondre du tac au tac précisément lorsqu'elle ne se sentait pas écoutée. Bref, ce que j'ai appris, c'est que je devais lui donner un meilleur exemple, au lieu de lui faire la morale. Quand j'y parviens, ma fille est moins sur la défensive. Même si chaque situation est particulière, vous découvrirez à votre tour, j'en suis sûr, les bienfaits que l'on peut tirer de cette stratégie.

Mettez-la en pratique la prochaine fois que vous vous sentirez agacé par le comportement de votre enfant. Vous verrez, vous ne tarderez pas à me donner raison : quand on considère ses enfants comme d'éventuels professeurs, les petits conflits peuvent soudain se transformer en leçons de sagesse.

79

Rappelez-vous :
vous ne l'emporterez pas au paradis !

Sauf erreur de ma part, quand on meurt, on laisse derrière soi sa maison et tous les biens qu'elle contient. Cette observation pourrait relever de l'évidence, et pourtant nous sommes nombreux à vivre sans en tenir compte. Nous passons même une énorme partie de notre temps à prendre soin de nos objets personnels, comme s'ils étaient dotés d'une valeur impérissable. Nous nous saignons pour les acquérir, nous les exhibons avec fierté, nous les mettons sous globe, nous les astiquons, nous les assurons tous risques…

Rappelez-vous que vous ne les emporterez pas au paradis ! Cela ne veut pas dire qu'il ne faut pas profiter de vos biens pendant que vous êtes sur terre – au contraire. Mais il n'est pas inutile de remettre les choses en perspective. Posez-vous les questions suivantes : « Qu'est-ce qui est vraiment essentiel ? Est-il absolument nécessaire que je nettoie la salle de bains tout de suite, ou bien est-il plus important (et plus enrichissant) de faire une promenade avec ma femme (mes enfants ou mon chien) ? » Encore une fois, je ne prétends pas que la salle de bains n'ait pas besoin d'être nettoyée, mais seulement qu'il faut garder à l'esprit l'importance toute relative de cette opération. Il peut arriver que le ménage prenne le pas sur une balade en forêt, et il n'y a rien de mal à cela.

Je peux presque vous garantir qu'un jour, lorsque vous jetterez un regard rétrospectif sur votre vie, vous serez moins soucieux du nombre d'objets que vous avez amassés que de l'amour dispensé à vos proches et de la contribution que vous avez apportée au monde. Reconnaître *maintenant* cette vérité peut vous aider à mieux classer vos priorités et à utiliser votre temps de manière plus enrichissante. Ainsi, vous passerez de la superficialité à la substance.

Certes, votre maison tient une place importante dans votre vie. Rappelez-vous pourtant que le plus important, ce ne sont pas les meubles, ni les murs de brique, mais l'amour que vous partagez sous ce toit. Si un objet se casse, tant pis. Si la maison est en désordre, faites de votre mieux. Vos biens matériels ne sont là que pour vous rendre la vie plus agréable : ne les laissez pas avoir barre sur vous. En vous rappelant que vous ne les emporterez pas au paradis, vous ouvrez une nouvelle porte vers la liberté.

80

Contribuez ensemble à une œuvre de charité

Peu d'activités rapprochent autant une famille que le don. À la maison, nous nous sommes aperçus que contribuer à une œuvre de charité commune était un moyen amusant de resserrer les liens. Que vous soyez deux ou dix, il s'agit d'obtenir de toute la famille qu'elle s'engage dans un acte de générosité. (Si vous vivez seul, vous pouvez faire la même chose en solo ou avec un ami.)

Notre association préférée est Children, Inc., basée à Richmond, en Virginie. C'est l'organisme idéal pour remplir notre objectif car il est facile d'impliquer toute la maisonnée. Children, Inc. offre à tous la possibilité de se mettre en relation (par courrier) avec un enfant qu'ils vont aider financièrement mais surtout apprendre à connaître. On peut ainsi échanger des lettres, des photos et des dessins avec cet enfant : bientôt se créeront entre lui et ses correspondants des liens d'amitié.

Mais toutes les œuvres de bienfaisance ou presque peuvent contribuer à rapprocher une famille. Au lieu de vous contenter de signer un chèque et de le glisser dans la boîte, faites participer vos proches. Demandez la brochure de l'association en question et montrez à vos enfants qui vous aidez et dans quel but. Commentez et louez tous ensemble le travail qu'accomplit cet organisme. Si vous envoyez de l'argent, rédigez le chèque devant vos enfants. Ils peuvent se charger de mettre le chèque dans l'enveloppe, ou l'enveloppe dans la boîte aux lettres. Expliquez-leur où va l'argent. N'hésitez pas à leur demander qui ils aimeraient aider en priorité et pour quelles raisons. Leur préférence va-t-elle vers les enfants, les personnes âgées ou les sans-abri ? Souhaitent-ils adresser leur don aux aveugles ou à la recherche contre le cancer ? Ont-ils un faible pour les chiens abandonnés ou pour la réhabilitation des quartiers défavorisés ? Quoi qu'il en soit, vous aurez par ce biais l'occasion de discuter en famille des urgences modernes, à l'échelon local ou global. J'y vois une expression d'amour. En plus d'être utile, cette stratégie s'avère aussi amusante que gratifiante.

Si vous n'avez pas les moyens de donner de l'argent, votre famille peut malgré tout se réunir autour d'un projet altruiste. Votre église ou le foyer d'accueil le plus proche ont besoin d'un coup de main ? Tous les samedis, une association de quartier prépare et distribue des repas pour les personnes sans domicile fixe ? Voilà d'excellents moyens de passer une matinée ensemble !

On le sait, dès qu'il s'agit de donner, c'est l'intention qui compte avant tout. Vous allez faire des heureux, et notamment parmi vos proches. J'espère que vous n'hésiterez pas à mettre cette stratégie en pratique. Elle saura resserrer les liens entre les membres de votre famille, tout en renforçant vos valeurs essentielles. Et si chaque famille apporte sa modeste contribution, tous ensemble, nous rendrons le monde meilleur qu'il n'est.

81

N'agressez pas votre propriétaire !

Que vous louiez une chambre chez un particulier ou un appartement dans une résidence, vous risquez un jour ou l'autre d'entrer en bisbille avec votre propriétaire. Malheureusement, ce conflit peut avoir des suites fâcheuses. Non seulement vous en ressentez les effets sur votre niveau de stress, mais vous perdez du même coup l'oreille de votre propriétaire, avec tous les avantages que cela pouvait représenter.

Il y a des années de cela, je partageais un appartement avec un ami dans un vaste complexe. Cet ami a commis l'erreur de se montrer très impatient avec le gérant de notre immeuble, jusqu'à l'impolitesse, tout en étant persuadé d'être dans son bon droit. Un jour, trouvant que nos demandes n'étaient pas prises en considération, il a exigé du gérant, sur le ton de la menace, un service plus rapide. Peu importe de quel côté étaient les torts. Le résultat, c'est que nous nous sommes fait un ennemi. Or nous habitions dans une ville universitaire où les logements disponibles étaient rares. Bref, nous étions coincés.

À partir de ce moment, le service jusqu'alors très lent est devenu pratiquement inexistant. Si la cuisinière tombait en panne, nous étions les derniers sur la liste. Quand le frigo fuyait, il fallait des semaines avant qu'il soit réparé. Quelqu'un se garait sur notre emplacement réservé ? C'était à nous de nous débrouiller, le gérant ne voulait pas en entendre parler.

Mon ami n'avait pas su voir que ce gérant faisait probablement de son mieux. Cette résidence était immense et déjà ancienne : il y avait constamment des travaux de réparation ou de modernisation. Débordé, le gérant s'estimait sans doute sous-payé. Et il avait probablement raison. Lorsqu'il établissait sa liste de priorités, il devait commencer par évaluer l'urgence de la situation, puis il se demandait si les locataires lui étaient sympathiques. Comme nos problèmes étaient immanquablement classés comme secondaires, et que le gérant ne nous avait pas à la bonne, nous étions toujours les derniers servis.

Dans certaines circonstances, bien sûr, il vous faut insister pour obtenir le service auquel vous avez droit. Mais limitez au maximum ce genre de « forcing ». En général, essayez de vous montrer patient et compréhensif. C'est peut-être difficile à assimiler, mais les propriétaires comme les gérants ont une vie à eux, avec son lot de problèmes personnels. Je ne veux pas me faire leur avocat à tout prix, et au moment où j'écris ces lignes, je ne suis pas moi-même propriétaire. Simplement, je suggère qu'il est toujours dans votre propre intérêt d'être en bons termes avec votre propriétaire. Dans ce cas, il fera souvent tout son possible pour vous rendre la vie agréable, car plus vous aurez de recul, de gentillesse et de patience, plus il sera disposé à vous faire des faveurs.

La prochaine fois que vous avez un problème nécessitant son intervention, tentez une petite expérience. Dites-lui que vous savez à quel point il est occupé. Assurez-le que vous appréciez son aide et son travail. Bref, soyez aimable et ne le stressez pas. Vous agirez ainsi non dans l'espoir de le manipuler mais parce que vous avez décidé de faire preuve de compréhension. Puis, observez ce qui se passe. Vous risquez d'être surpris par la nette amélioration du service. Bonne chance.

82

Faites du sport !

S i j'en crois une estimation rapide, la moitié des gens que je connais ne fait pas ou peu de sport. Les prétextes, divers et variés, vont de « je n'ai pas le temps » à « c'est trop dur » en passant par « je n'aime pas ça ».

Bien que n'étant pas un expert en la matière, j'ai toujours aimé l'exercice, aussi loin que je me souvienne. À mes yeux, la seule excuse valable pour ne pas pratiquer de sport régulièrement serait une incapacité physique. Ne pas entretenir sa forme, c'est commettre un crime vis-à-vis de soi-même. C'est passer à côté d'un moyen efficace pour accéder au bien-être. En vous privant des bienfaits d'une activité de ce type, vous vous placez en position de faiblesse lorsqu'il vous faut affronter les inévitables défis de la vie domestique.

J'ai sincèrement l'impression que je n'ai pas le temps de *ne pas faire* d'exercice : autrement dit, je ne peux pas m'offrir le luxe de m'en passer. Comment pourrais-je justifier de ne pas pratiquer une activité qui me maintient en bonne santé, bien dans mes baskets, et qui a en outre le mérite de me donner « la pêche » ? La pratique régulière d'un sport a des effets positifs prouvés, comme la libération d'endorphines qui jouent un rôle apaisant sur le cerveau et sur le corps. Après une heure d'exercice, des incidents qui en temps normal pourraient vous importuner auront peu ou pas d'impact sur vous. Et les problèmes sérieux vous sembleront eux-mêmes plus faciles à gérer.

Évidemment, si l'on ne voit pas plus loin que le bout de son nez, il est vrai que le sport prend du temps : en ce qui me concerne, j'y consacre quarante-cinq minutes à une heure, cinq à six fois par semaine. Mais c'est un sacrifice bien mince si, en contrepartie, vous passez moins de temps alité chez vous ou à l'hôpital, et si par ailleurs votre dynamisme (donc votre rendement) s'en trouve accru de façon substantielle. C'est aussi un bien petit prix à payer comparé à toute l'énergie mentale que vous coûtent vos crises de nerfs à la maison. Pensez à ce que vous gagnerez à être un peu moins à cran et plus efficace, en échange d'un petit effort pour « mouiller le maillot » ! Il faut aussi voir l'aspect strictement physique et esthétique : un corps entretenu paraît plus jeune, plus ferme, qu'un corps laissé à l'abandon !

Enfin, j'ai tendance à dormir bien mieux la nuit quand je fais régulièrement du sport.

Je sais, je sais : c'est dur de commencer, et vous avez une myriade d'excuses. Mais laissez-moi vous dire que l'année dernière, j'ai rencontré deux personnes extraordinaires – une qui se déplace en fauteuil roulant et une autre frappée de gros handicaps moteurs : eh bien, toutes deux font régulièrement du sport ! Elles exercent aussi un métier à plein temps et ont charge de famille.

Qu'avez-vous à perdre ? Donnez une chance au sport ! Trouvez une activité qui vous convienne : la marche à pied, le jogging, les excursions à vélo, ou même le vélo d'appartement. Mais bougez-vous ! Si vous commencez aujourd'hui, et si vous êtes persévérant, je vous garantis que ce sera une journée à marquer d'une pierre blanche. Vous ne pourriez pas prendre de meilleure résolution !

83

Guettez les changements imperceptibles

V oici une astuce que vous pouvez mettre à profit dans de nombreux domaines de votre vie, mais qui est particulièrement utile à la maison. Il s'agit de lutter contre une angoisse très répandue : le fait de se sentir « coincé », enlisé dans une existence étroite, comme si rien ne changeait jamais.

En réalité, la vie est en perpétuelle mutation. Le problème, c'est que nous avons le nez trop collé sur notre propre expérience pour percevoir les évolutions. Les enfants sont l'exemple le plus courant de ce phénomène. Si vous vivez avec eux, vous remarquez à peine qu'ils grandissent. Mais qu'un ami ou un parent qui ne les a pas vus depuis un moment vienne chez vous, et il s'exclamera presque à coup sûr : « Comme ils ont changé ! »

Nous sommes parfois tracassés par des problèmes qui nous semblent sans fin – les disputes de notre progéniture, un placard mal rangé, une tonne d'appels à retourner, et tout ce qui nous complique l'existence. Notre erreur, c'est de chercher partout la petite bête. Nous en oublions de remarquer les améliorations, parfois à peine perceptibles, qui se font jour. Nous justifions notre mauvaise humeur en prenant pour prétexte ces enfants qui se chamaillent, ce placard en vrac, ou ces coups de téléphone à passer. Notre attention reste fixée sur tout ce qui va de travers.

Si nous nous mettons en tête de n'être heureux que lorsque nous aurons enfin recollé tous les morceaux, autant se préparer à une vie entière de déception. Car les enfants se querelleront toujours, les placards seront rarement en ordre, et il y aura toujours des coups de fil à donner.

Il est extrêmement utile de se concentrer non pas sur un rêve de perfection mais sur de petites améliorations concrètes. En général, si vous regardez bien, vous en trouverez. Par exemple, les enfants se bagarrent, mais peut-être pas autant que le mois dernier : n'y a-t-il pas un léger mieux ? Ou bien vous avez rangé une étagère de ce fameux placard : c'est déjà un début. Vous avez réussi à passer quelques-uns de vos appels téléphoniques aujourd'hui, ce qui allège d'autant votre liste.

En polarisant sur toutes ces améliorations apparemment dérisoires, vous reprendrez peu à peu espoir, vous verrez qu'il y a de la lumière au bout du tunnel. Vous arriverez peut-être même à vous persuader qu'après tout, la vie n'est pas si moche que vous le prétendez. Si vous y regardez de près, vous risquez d'être surpris par les progrès qui se réalisent, à petits pas, bon an mal an. La joie viendra alors balayer votre stress.

84

N'oubliez jamais ce que
vos enfants attendent de vous

Vos enfants se fichent bien de savoir si vous êtes hôtesse de l'air, vendeur, serveuse, informaticienne ou chef cuisinier. Je suis bien placé pour vous dire qu'un papa écrivain ne les impressionne guère… Ils ne seraient pas davantage émus si j'étais médecin, avocat ou même vedette de cinéma. Certes, ils prennent parfois en considération le fait que vous travaillez dur, que vous vous sacrifiez pour eux, mais c'est sans commune mesure avec toute la reconnaissance que nous nous croyons en droit d'attendre. Non, ce qui compte le plus aux yeux de vos enfants, c'est votre temps, votre disponibilité à les écouter et à les aimer sans condition. Point final !

Or, c'est une chose de dire « mes enfants sont ma priorité », et c'en est une autre d'illustrer cette déclaration par des actes. Je sais que ce n'est pas facile, je sais aussi qu'il y a beaucoup d'excuses, souvent légitimes, pour faillir à cette règle, mais le fait est là : nos enfants n'ont que faire de notre réussite sociale, ils ont besoin de notre amour.

Cette stratégie n'a pas pour objet de vous culpabiliser davantage à cause du peu de temps que vous leur consacrez. Je vous assure que j'ai moi-même des scrupules quand je pars pour l'aéroport avant même que mes filles soient réveillées, quand je dois répondre à un coup de fil important à l'heure du dîner, ou que je manque une pièce de théâtre à l'école, pris par d'autres engagements. L'objectif visé ici, ce ne sont pas les remords, mais l'amour. Si élever des enfants peut vous apparaître parfois comme une charge, si vous avez l'impression que ça ne s'arrêtera jamais, cette tactique est là pour vous rappeler en douceur qu'il n'en est rien. En fait, vous ne disposez que d'une courte période pour développer avec votre progéniture une relation pleine d'affection et de respect, avant qu'elle grandisse et vole de ses propres ailes.

Il m'a été souvent utile, et je crois que cela peut vous servir aussi, de me remettre en mémoire que nos enfants ne veulent pas de notre argent, ni de nos succès professionnels. Ils n'aiment pas non plus s'entendre répéter que nous nous saignons aux quatre veines pour eux. Non, ce qu'ils veulent vraiment, c'est nous. Cela ne signifie pas que vous n'ayez pas besoin de gagner votre vie ou que votre carrière n'entre pas en ligne de compte, mais seulement que, pour nos enfants, ces aspects sont secondaires. Je doute fort qu'aucun de nous, sur son lit de mort, s'en veuille de ne pas avoir passé plus de temps au bureau ou à la poursuite de ses ambitions. En revanche, beaucoup regretteront de ne pas avoir consacré plus de temps à leurs enfants. Sachant cela, pourquoi ne pas ajuster, même légèrement, nos priorités ?

Ce que nos enfants veulent vraiment (et ce qui leur est nécessaire), c'est donc notre amour. Ils demandent que nous les écoutions sans avoir la tête ailleurs, que nous assistions à leurs matchs de foot non par obligation mais parce que nous ne voudrions rater ce spectacle pour rien au monde. Ils veulent que nous les prenions dans nos bras, que nous leur lisions des histoires, que nous soyons avec eux. En un mot, ils veulent être le centre de notre univers.

Ce matin encore, avec un ami, nous évoquions la rapidité avec laquelle nos enfants grandissent. Cela a suffi à me rappeler à quel point le temps partagé avec eux est précieux. À cet instant, je me suis promis de respecter mes priorités, malgré tous les obstacles. J'espère que vous prendrez le même engagement.

85

Ne lisez pas entre les lignes

C'est un problème courant – surtout à la maison. Quand nous connaissons une personne « par cœur », nous avons une tendance insidieuse à croire que nous savons exactement ce qu'elle pense ou comment elle va réagir dans une situation donnée. Mon conseil revient à dire : « Surtout ne lisez pas dans les pensées, ne soupçonnez pas de mobiles derrière le comportement d'autrui. »

Même si c'est de moins en moins fréquent, il m'arrive encore de tomber dans le piège. Hier encore, par exemple, j'ai eu le sentiment qu'une de mes filles traînassait, comme d'habitude, au lieu de se préparer pour l'école. Comme je le craignais, elle n'avait pas encore mis ses chaussures. Et j'ai présumé qu'elle n'avait aucune idée de l'endroit où elles se trouvaient. Après tout, ça n'aurait pas été la première fois ! Sûr de mon fait, j'ai aboyé :

— Comme d'habitude, tu ne sais pas où sont passées tes chaussures !

Elle m'a répondu avec assurance :

— Papa, elles sont dehors sur le perron, tu m'as demandé hier de les laisser à l'extérieur.

Elle avait raison sur les deux points. Comme beaucoup d'entre nous, ce matin-là, j'avais laissé mon agacement me faire perdre inutilement quelques minutes. Mon stress ne provenait pas du comportement de ma fille, mais de mon propre mental. Tout s'était passé dans ma tête !

Il est clair qu'avec un tel mode de fonctionnement, nous risquons de nous noyer souvent dans un verre d'eau. Quand vous lisez entre les lignes, c'est un peu comme si vous cherchiez désespérément des sujets d'irritation. Et quand on cherche quelque chose, surtout quand on est sûr de le trouver, on est rarement déçu : on finit toujours par confirmer ses présomptions afin de se donner raison.

Bien sûr, un faux pas de temps à autre ne suffira pas à gâcher une relation. Pas de quoi fouetter un chat. Toutefois, cette disposition d'esprit est rarement occasionnelle. Elle devient rapidement un mode de vie, une habitude à laquelle nous sacrifions sans même nous en rendre compte.

La solution est à la fois simple et malaisée. Ayez l'humilité d'admettre que vous ne savez pas ce que quelqu'un pense ou va faire : vous n'avez qu'un pressentiment, aucune certitude. Mieux vaut prendre chaque jour, chaque situation, comme ils se présentent. Parce qu'un incident s'est déjà produit de telle ou telle manière, n'en concluez pas qu'il se reproduira à l'identique. Sinon, vous faites preuve d'une forme d'irrespect à l'égard de vos proches. Après tout, vous n'appréciez probablement pas vous-même qu'on lise dans vos pensées et qu'on présage de votre comportement…

Quand vous cessez de prédire l'avenir pour simplement répondre à une situation présente, vous cédez moins facilement à l'agacement. Votre esprit est plus détendu, plus orienté vers l'ici et maintenant – il réagit à des faits réels, et non à ceux qui sont censés survenir, éventuellement. En plus des bienfaits personnels que vous tirerez de cette méthode (vous causerez moins de stress), vos êtres chers apprécieront certainement ce changement d'attitude, qui peut transformer radicalement le sentiment de respect mutuel au sein d'une famille.

86

Parlez à voix douce

Une voix douce a quelque chose d'apaisant. Pendant presque toute ma vie, j'ai cru que c'était là une qualité innée – on naissait avec ou pas. Et c'est sans doute en partie vrai. Pourtant, ces dernières années, je me suis rendu compte que l'on pouvait s'habituer, s'entraîner à parler posément. Les récompenses à attendre sont considérables et aisément mesurables. Elles auront une influence bénéfique sur l'atmosphère qui règne dans votre maison comme au sein de votre famille.

Quand vous parlez d'une voix forte, avec un débit rapide, vous ne faites souvent que dilapider inutilement votre énergie. Bien que vos intentions ne soient pas nécessairement agressives, votre entourage se sent perturbé, ce qui le pousse inconsciemment à agir sous pression. Autrement dit, votre intonation crée une spirale de nervosité. Elle transmet à vos proches un message d'impatience et d'autorité. Ainsi, sans vous en rendre compte, vous êtes peut-être en train d'étouffer les sentiments de calme et de respect dans votre foyer.

Évidemment, nous possédons tous une voix, un tempérament, un style de communication différents. Je ne vous demande pas de changer brutalement votre façon de parler, ni de vous faire passer pour autre que ce que vous êtes. Ce que je vous propose, c'est simplement de prendre conscience de l'effet que produit votre voix sur votre entourage. Comment est-elle perçue par vos proches ? N'avez-vous pas tendance à vociférer sans raison ? Si vous faites un effort pour baisser le ton, vous constaterez probablement dans l'atmosphère ambiante des changements surprenants, quasi immédiats.

Pour commencer, vous vous sentirez vous-même plus détendu, moins stressé. En cessant de jeter les hauts cris, vous soulagerez vos cordes vocales, mais aussi votre esprit. Ensuite, vous vous apercevrez que votre entourage se met rapidement au diapason. Ce changement survient comme par magie et il est apprécié de tous. Même s'il me reste beaucoup de chemin à faire, j'ai déjà pu vérifier à de multiples reprises que, lorsque mes enfants sont dissipés, la meilleure façon de ramener le calme est de commencer par moi. En premier lieu, je dois baisser la voix, ce qui induit automatiquement un comportement et des sentiments plus mesurés. Pour peu qu'on y réfléchisse, cela paraît logique : si vous voulez que vos proches « la mettent en sourdine », la pire chose à faire est de monter vous-même sur vos grands chevaux. Pourtant, combien d'entre nous agissent ainsi ? Si vous voulez vraiment qu'on vous écoute, la meilleure stratégie consiste à parler *mezza voce*. Vous serez surpris de voir comme votre auditoire devient soudain attentif.

Bien entendu, il vous faudra adapter mes conseils à votre propre élocution. Mais si vous voulez bien adoucir le ton, cette attitude aura un effet apaisant sur votre famille et sur votre vie domestique.

87

Soyez joueur

Lorsque je songe à la merveilleuse cohésion de ma famille, et que je me rappelle nos souvenirs les plus chers, je m'aperçois qu'une qualité en particulier a contribué à ces miracles : nous sommes tous très « joueurs ». Au fil des ans, j'ai pu remarquer une même disposition chez les familles qui semblaient réellement épanouies, heureuses de vivre ensemble.

Être joueur, c'est rester joyeux. Ne pas perdre le sourire à la première difficulté. Ne pas se prendre trop au sérieux. Quand vous avez l'esprit ludique, vous gardez le cœur léger, ouvert à votre entourage. Vous savez rebondir après un revers. En famille, vous désamorcez de nombreuses dissensions car vous savez vous taquiner l'un l'autre, quand le moment s'y prête, bien sûr. Cela vous empêche de vous fâcher mortellement quand survient une discussion un peu vive.

Je suis toujours triste quand je rencontre des gens qui ont perdu le sens de l'humour. Ils sont renfrognés et susceptibles. Le moindre incident prend à leurs yeux des proportions gravissimes. Le sourcil toujours froncé, ils sont devenus incapables de saisir au vol les plaisirs simples de la vie. Autrement dit, ils sont constamment sur le point de se noyer dans un verre d'eau.

Être joueur, cela va de la faculté à rire de soi-même jusqu'à celle de s'adapter aux circonstances nouvelles. Cela peut vouloir dire vous rouler par terre avec vos enfants, échanger des charades idiotes avec votre femme ou encore la chatouiller au beau milieu de la nuit. Ce qui compte, c'est moins ce que vous faites que d'y prendre plaisir.

Si vous craignez d'avoir perdu ce sens précieux, ne vous inquiétez pas – on le retrouve facilement. Commencez par sourire. Allez-y, essayez… Puis observez ceux qui prennent la vie du bon côté. Au lieu de leur reprocher un comportement en apparence frivole, voyez tout ce qu'une telle attitude contient d'optimisme sain et d'innocence. Voyez comme ils respirent le bonheur et comme ils font jaillir le meilleur de leur entourage. Croyez-moi, ça ne fait de mal à personne. Au contraire, c'est un baume rafraîchissant.

Pour développer un esprit plus enjoué, vous n'avez pas besoin de changer de personnalité. Avancez à petits pas. Tous vos efforts dans ce sens seront appréciés par ceux que vous côtoyez. Ils prendront plus de plaisir à votre compagnie. En outre, et c'est peut-être le plus important, vous porterez sur le monde un regard plus philosophe. Vous n'en deviendrez que plus facile à vivre.

88

Pensez à une chose que vous avez réussie aujourd'hui

Combien de fois par jour pensez-vous aux faux pas que vous avez commis ? Combien de fois vous répétez-vous des phrases comme : « Quel idiot ! J'ai perdu mes clés, je suis arrivé en retard à mon rendez-vous, j'ai oublié d'acheter des cornichons au supermarché, j'ai raté les dix premières minutes du match, j'ai oublié de passer un coup de fil important, j'ai lâché la balle, j'ai vexé telle ou telle personne », etc.

À présent, changez de main et pensez au nombre de choses que vous avez réussies. Si vous êtes comme la plupart des gens que je connais, la proportion entre les reproches et les compliments penchera nettement en faveur de vos échecs.

Vous vous dites peut-être : « Bah, tout le monde fait pareil ; ça n'a pas d'importance, après tout, nous sommes tous humains ! » Ce n'est qu'en partie vrai. Certes, la plupart des gens agissent ainsi : ils prêtent une grande attention à leurs erreurs et leurs défauts. Mais ce n'est pas pour autant une idée judicieuse. Le problème, c'est qu'ils ne sont pas conscients du prix à payer en focalisant sur le négatif. Car il y a un prix à payer, que l'on acquitte sous forme d'un stress et d'un pessimisme quasi permanents.

Notre vie est un tissu d'erreurs. Nous avons trop de choses à faire, à surveiller, à gérer. Pour ne pas perdre pied, il faut savoir être indulgent avec soi-même, et admettre l'imperfection.

D'ailleurs, si vous faisiez un « sans faute » dans tous les domaines, votre existence ne deviendrait-elle pas terriblement ennuyeuse ?

En vous polarisant sur vos « ratages », vous vous exposez à vous noyer dans un verre d'eau. Vous êtes obnubilé par tout ce qui cloche, vous vous sentez mal dans votre peau parce que vous vous trouvez incompétent. Cette façon de vous jeter la pierre génère de mauvaises énergies et nourrit un comportement négatif. Vous ne voyez plus que le côté noir des choses. Il ne faut pas s'étonner ensuite si vous êtes tendu et susceptible.

Au contraire, quand vous pensez à tout ce que vous avez réussi, votre attention se porte vers ce qu'il y a de positif en vous. Vos bonnes intentions comme vos qualités reçoivent un coup de projecteur. Vous abordez avec mansuétude vos erreurs et l'étendue des progrès qu'il vous reste à accomplir. Vous faites preuve de patience, avec les autres comme avec vous-même. Vous prenez en considération les efforts entrepris. En fin de compte, votre moyenne générale vous apparaît plutôt honnête : malgré les erreurs, vous ne vous débrouillez pas si mal, après tout. Vous ne vous voyez plus comme un « raté » mais comme quelqu'un qui fait de son mieux.

En outre, quand on se concentre sur ses réussites, l'existence devient beaucoup plus amusante. Vous êtes moins sérieux, moins « droit dans vos bottes ». Vous avez le cœur plus léger, puisque vous n'avez plus l'impression qu'on comptabilise toutes vos bévues. Suivez mon conseil : faites de votre mieux dans tous les domaines de la vie et ne vous mettez pas martel en tête pour le reste. Vous aurez beau vous infliger une discipline de fer, vous continuerez à commettre des erreurs. Acceptez cette vérité incontournable, distinguez vos forces plus que vos faiblesses, et la vie vous paraîtra enfin souriante.

89

Faites-vous un petit plaisir

Les meilleures choses dans la vie, si elles ne sont pas toujours gratuites, sont souvent très simples (et peu onéreuses). S'offrir un de ces « petits plaisirs » est un merveilleux moyen d'égayer son existence.

Chaque année, ma femme Kris plante dans notre jardin plusieurs rangées de tournesols, ceux qui poussent très haut. Elle les adore. Plusieurs fois par jour, elle prend le temps d'aller les admirer. Elle aime les arroser. Le moment venu, elle en coupe quelques-uns à la fois et les rapporte dans la maison pour que tout le monde en profite. Souvent, elle offre un bouquet à des amis de passage et ce geste lui procure aussi une grande satisfaction.

Comme vous voyez, ce plaisir simple ne fait pas qu'embellir notre jardin ou notre salon. Il introduit dans la vie de Kris une joie immense qui déborde bien au-delà des moments qu'elle passe à s'occuper de ses fleurs. Ces tournesols sont un peu le soleil de sa journée. Elle est impatiente d'aller les bichonner, elle sourit en y pensant, ce qui est un excellent moyen de chasser les petits tracas. Qui plus est, cette tradition annuelle a un effet bénéfique sur nos deux filles : Kris leur montre par l'exemple que la beauté et la joie sont à portée de main.

Réfléchissez-y. Vous trouverez certainement une activité qui puisse remplir le même rôle dans votre vie. En ce qui me concerne, j'adore flâner dans une librairie ou m'asseoir seul à la table d'un café pour siroter un expresso. J'aime aussi lire, jouer avec mes filles et faire du jogging dans le parc près de chez nous. Voilà quelques-unes des activités qui m'apportent le plus de joie. Et plus on prend de plaisir dans la vie, plus on est capable de garder le recul nécessaire pour ne pas se noyer dans un verre d'eau.

Adoptez un plaisir simple. Que ce soit lire au calme, vous inscrire à un cours de yoga ou faire une promenade en forêt, ce sera pour vous une véritable mine de satisfactions.

90

Rappelez-vous :
ce sont les détails dont on se souviendra

J'étais en pleine tournée de promotion pour mon précédent livre. J'avais participé à plusieurs émissions de télé et de radio, je m'étais adressé à des audiences enthousiastes et j'étais traité comme un coq en pâte par mon éditeur comme par le public. À l'époque, *Ne vous noyez pas dans un verre d'eau* était en tête des ventes aux États-Unis, et j'étais très flatté par l'accueil réservé à mon travail. Tout était parfait sauf une chose : ma famille me manquait…

Un soir, j'ai appelé la maison et mes deux filles m'ont chanté une chanson. Puis elles m'ont dit qu'elles m'aimaient et qu'elles attendaient mon retour avec impatience. Elles étaient en train de vider des citrouilles pour la fête d'Halloween et elles ont promis de me garder la plus grosse. Lorsque j'ai raccroché le combiné, dans ce hall glacé de l'aéroport de Chicago, j'ai éclaté en sanglots. Dans mes larmes se mêlaient la joie et la tristesse. J'étais tellement ému que je ne pouvais m'empêcher de pleurer. Je me suis rendu compte que, même lorsque la vie vous comble, et quelles que soient votre réussite ou vos ambitions, ce sont finalement les petits détails qui comptent le plus.

Ce soir-là, dans l'avion qui m'emportait vers Hartford, dans le Connecticut, pour une autre conférence, je me suis remémoré mes plus chers souvenirs. Et vous savez quoi ? Ce n'étaient pas nos vacances les plus extravagantes ni mes plus

« glorieux » succès professionnels. Ces événements extérieurs ont de l'importance à mes yeux, mais les moments qui restaient gravés en moi étaient ces petits riens qui avaient su toucher mon cœur. Comme la fois où j'étais d'une humeur massacrante et que ma fille cadette, Kenna, m'a dit en m'embrassant :

— Papa, ne t'en fais pas, tout va s'arranger.

Elle avait quatre ans. Deux ans plus tard, j'ai encore l'impression de sentir ses bras autour de mon cou et d'entendre ses paroles de réconfort. Il y a aussi la fois où ma fille Jazzy et moi avons eu une terrible grippe en même temps. Nous avons passé la nuit dans la même chambre, à nous encourager l'un l'autre, à souffrir ensemble. Tout à coup, elle s'est tournée vers moi avec une tendresse extraordinaire et, de sa petite voix faible, elle m'a dit :

— Papa, je n'oublierai jamais ces moments. Merci d'être avec moi.

Et moi, comment pourrais-je jamais oublier de tels instants ? Ces quelques mots valaient à eux seuls de supporter toutes les grippes du monde.

À mon avis, c'est un des points les plus importants de ce livre. Il est tentant de passer sa vie à espérer que tout ira mieux plus tard. Nous attendons ainsi une promotion, un anniversaire ou nos vacances et ce sont en effet des moments agréables à anticiper. Pourtant, en se focalisant trop sur ces occasions rares, on risque de passer à côté d'événements plus ordinaires, mais incroyablement précieux : le rire d'un enfant, un geste désintéressé, un coucher de soleil que l'on contemple avec un être cher, les arbres qui changent de couleur en automne… Voilà de quoi est faite la vraie vie. Voilà les souvenirs que nous retiendrons.

91

Soyez un modèle de sérénité

Le vieil adage « Faites ce que je dis, pas ce que je fais » n'a pas sa place à la maison ! Ce qui marche, ce serait plutôt le contraire : « Faites ce que je fais, pas ce que je dis. » Que vous habitiez seul ou à plusieurs, le meilleur moyen de créer un environnement domestique calme et positif, c'est encore de donner vous-même l'exemple !

Dans une large mesure, en effet, vous déterminez le climat émotionnel dans lequel vous vivez. Si vous êtes une boule de nerfs, comment les personnes qui partagent votre domicile pourraient-elles s'y sentir à l'aise ? Elles se croiront en permanence obligées de marcher sur des œufs pour ne pas éveiller votre susceptibilité à fleur de peau. Sachez que vos sentiments négatifs affectent tout le monde, vous bien sûr, mais aussi tous les membres de votre famille. Je ne prétends pas que ce soit votre faute si l'ambiance à la maison laisse à désirer. Reconnaissez pourtant que, si vous attendez que les autres donnent l'exemple, vous risquez de prendre racine !

Quand vous faites preuve de calme et d'affection, vous permettez à vos proches d'exprimer le meilleur d'eux-mêmes. En calquant peu à peu leur comportement sur le vôtre, ils gagnent en patience et en mansuétude. De votre côté, vous apprenez à suivre le courant, sans vous laisser perturber par les hauts et les bas de l'existence. Plus vous êtes serein, moins vous avez de mal à effectuer les ajustements nécessaires pour répondre aux défis de la vie courante. Vous éliminez certaines des préoccupations qui font écran à votre bon sens : grâce à cette lucidité retrouvée, vous discernez mieux les solutions à votre portée.

On n'accède pas à la sérénité si on n'en fait pas consciemment un objectif prioritaire. Au lieu d'attendre en vain que les autres reconnaissent leur part de responsabilité dans la confusion ambiante, prenez-vous par la main et agissez. Pratiquez les stratégies exposées dans ce livre (ou toute autre méthode qui parle à votre cœur). Vous vous apercevrez d'une chose : quand la paix règne en vous, tout le reste se met en place sans effort. Qui plus est, en ouvrant la voie, vous entraînez vos proches dans votre sillage, ce qui réduit encore le chaos dans lequel vous vivez. Rappelez-vous seulement que Rome ne s'est pas faite en un jour... Alors ne vous découragez pas si les résultats ne sont pas immédiats.

92

Remerciez le ciel d'avoir
un toit au-dessus de votre tête

Voici une stratégie très facile à mettre en pratique – ce qui ne gâte en rien son efficacité ! Vous pouvez l'essayer sur-le-champ. Pensez à votre maison pendant une minute. Peu importe où vous habitez – dans un petit studio, dans un appartement, un pavillon, etc. – vous y êtes chez vous. C'est votre cocon, votre espace vital. Que deviendriez-vous sans lui ? Comment survivriez-vous ?

Quelle chance formidable d'avoir un endroit où dormir, où se réfugier des agressions du monde extérieur ! Pourtant, depuis quand n'avez-vous pas pris le temps de regarder autour de vous ? Promenez vos yeux sur les murs, le mobilier, les parquets, les fenêtres… Depuis quand n'avez-vous pas exprimé votre gratitude pour ce qui vous entoure ? Je connais des gens qui n'y ont même jamais songé !

Inspirez profondément et pensez avec reconnaissance à votre maison. Malgré ses défauts, elle est à vous. En tout cas, vous y vivez. Elle vous protège du froid, de la chaleur et des intrus (des insectes jusqu'aux démarcheurs). Elle contribue à vous maintenir en bonne santé. Et pourtant, vous la considérez souvent comme une chose acquise, sur laquelle il serait inutile de revenir. Parfois, dans la routine d'une prière, vous laissez peut-être échapper du bout des lèvres un « Merci, mon Dieu », mais ce que je suggère ici est bien différent. Je vous demande de prendre tous les jours quelques instants pour penser tranquillement au bonheur d'avoir une maison – quels que soient sa taille et les efforts nécessaires à son entretien.

Par cette attitude, vous accomplirez plusieurs choses. Tout d'abord, votre attention se portera un peu plus sur les avantages et un peu moins sur les contraintes. Si le drapeau noir flotte sur la marmite, cela vous rappellera que, malgré les difficultés, vous avez de la chance d'être en vie et d'avoir un toit au-dessus de la tête. Quand vous êtes accablé par la somme de travail ou par les coûts qui accompagnent une maison, la gratitude vous remettra sur de bons rails.

Vous serez étonné par le réconfort que vous ressentirez la première fois que vous vous livrerez à cet exercice. Vous vous demanderez probablement pourquoi vous n'y avez pas songé plus tôt! Ne retardez plus cet instant. Réjouissez-vous de cet insigne privilège : vous avez un toit au-dessus de la tête.

93

Ne vous plaignez plus des plaintes

En tant que parent, j'ai eu l'occasion d'apprendre plusieurs choses intéressantes sur les enfants. Une en particulier : les enfants et les plaintes sont inséparables ! Depuis leur naissance, quand ils crient famine, jusqu'au moment où, adolescents, ils quittent la maison parce que votre chaîne stéréo n'est pas assez performante, vous risquez de ne plus jamais connaître un seul jour sans jérémiades.

Quelqu'un m'a soufflé que, si les membres de notre famille se plaignaient autant, c'est qu'ils se sentaient parfaitement en confiance avec nous. Eh bien, il m'arrive de préférer que mes proches ne prennent pas autant leurs aises avec moi ! Et je parie qu'il y a des jours où vous ressentez la même chose. Nous avons tort…

J'ai relevé à ce sujet deux observations qui pourraient vous être d'une certaine utilité. Premièrement, plus j'entends les autres se plaindre, plus j'ai tendance moi-même à devenir atrabilaire. Supposons par exemple qu'il fasse une chaleur étouffante et que j'en sois déjà indisposé. Une de mes filles commence à se plaindre de la chaleur et de la soif. Cela me rappelle que je suis moi-même en train de cuire dans mon jus et j'aimerais bien qu'elle arrête de tourner le couteau dans la plaie. Mais les enfants sont les enfants. La voilà qui répète à l'infini : « Papa, j'ai chaud », « Papa, j'ai soif ». Très vite, je me sens tellement fatigué de l'entendre geindre que je cours me plaindre à ma femme : « Chérie, les enfants n'arrêtent pas de râler ! » Première observation donc : les plaintes amènent toujours d'autres plaintes.

Deuxième remarque : surtout n'essayez pas d'endiguer leur flot ! Vous ne feriez qu'apporter de l'eau au moulin des plaignants !

Depuis quelques mois, j'ai accompli de grands progrès dans ce domaine. Au lieu de me renfrogner devant l'avalanche des récriminations, j'ai décidé de les accepter comme faisant partie de la vie. Et depuis ce moment, je me suis rendu compte d'une chose extraordinaire : les plaintes ont diminué de manière conséquente ! En fait, le mouvement est double : elles m'atteignent moins et elles se raréfient. Le fait que j'y sois moins sensible leur a ôté une grande partie de leur attrait auprès des enfants. Alors suivez mon conseil : même si vos propres griefs vous paraissent fondés, essayez de ne plus participer à cette surenchère de mauvaise humeur. Arrêtez de rouspéter, et les plaintes qui vous assaillent aujourd'hui vont peu à peu s'atténuer. Bonne chance ! Mais si ça ne marche pas, surtout ne venez pas vous plaindre…

94

Accueillez le changement à bras ouverts

Il est toujours capital d'accepter le changement, mais jamais autant qu'à la maison. Autour de nous, tout évolue et subit des transformations permanentes : notre corps, la charpente de notre maison, nos enfants… Notre apparence physique à vingt ans n'est pas celle que nous arborerons à quarante, soixante ou quatre-vingts ans. De la même façon, au fur et à mesure qu'ils grandissent, nos enfants changent énormément, tant au niveau physique qu'émotionnel. Je n'ai pas besoin de vous dire que votre adorable bambin de trois ans sera une tout autre personne passé la puberté…

Face à ces mutations, nous avons deux possibilités. Nous pouvons y résister – ou bien les accepter de bonne grâce. La plupart des gens choisissent la première solution : ils luttent de toutes leurs forces contre le vieillissement, ils s'arc-boutent contre la « disparition » des traditions familiales, contre les métamorphoses successives de leurs enfants, et contre pratiquement toutes les modifications importantes dans leur existence. Malheureusement, c'est une bataille perdue d'avance ! Le changement est une des très rares choses sur lesquelles vous pouvez toujours compter… S'opposer à l'inéluctable, c'est s'infliger des souffrances inutiles et passer à côté d'une grande joie potentielle. J'ai rencontré des gens qui dépensaient une telle énergie à redouter leur quarantième ou leur cinquantième anniversaire qu'ils finissaient presque par gâcher les quelques années précédant ce cap : leur attention était ailleurs. Certains sont déjà si tristes à l'idée que leur fils va bientôt quitter le cocon familial qu'ils en oublient d'apprécier les derniers mois ou la dernière année que leur rejeton passe à leurs côtés. D'autres encore sont déprimés ou agacés au plus haut point par les plus petites modifications dans la routine familiale : on a changé le menu du réveillon, ou bien on a proposé de passer le nouvel an ailleurs qu'à la maison…

Comprenez-moi bien. Je ne vous demande pas de vous résigner aveuglément au vieillissement. Continuez à prendre soin de votre forme. Et faites de votre mieux pour préserver les traditions qui vous tiennent à cœur ! Ce dont il est question ici, c'est de la frustration inutile que vous vous imposez en luttant contre des bouleversements sur lesquels vous n'avez pas barre. Vous avez entièrement raison de profiter à plein de votre jeunesse, ou de votre maturité – mais il ne faut pas que cela se fasse au détriment des autres étapes de la vie. À chaque âge ses plaisirs… Ouvrez votre cœur à ce qui se prépare et vous trouverez beaucoup plus facile de vous y ajuster.

Accueillir le changement à bras ouverts, c'est accomplir un pas de géant vers la sérénité. Au lieu de vouloir à tout prix modeler la vie à votre gré, et la fixer pour l'éternité, commencez-la comme un voyage qui passe par l'acceptation et par l'appréciation de chaque moment. Elle devient alors une aventure où chaque étape a de la valeur.

95

Inversez les rôles avec votre conjoint

C'est une triste constatation, mais la personne que nous traitons avec le moins d'égards est sans doute celle que nous aimons le plus au monde – notre conjoint. Abîmés dans la contemplation de notre nombril et de nos difficultés personnelles, nous avons vite fait de croire que notre femme ou notre mari a la vie belle. Nous oublions tout ce qu'il ou elle accomplit en notre faveur. Cette négligence de notre part peut créer chez notre partenaire un fort ressentiment. Pourtant, il est possible, dans une large mesure, d'éviter cet écueil. La solution consiste à vous mettre « dans les chaussures » de votre conjoint.

Je vais donner un exemple, en sachant pertinemment qu'on pourrait lui opposer des millions d'exceptions. Je sais bien que dans le monde d'aujourd'hui, de nombreuses familles, sinon la majorité d'entre elles, comptent deux « pourvoyeurs de revenus » et que les responsabilités à la maison sont souvent partagées. Je sais aussi que la femme peut travailler à l'extérieur pendant que l'homme reste au foyer. Essayez de dépasser la part de stéréotype contenu dans mes exemples pour en saisir la « substantifique moelle ».

Plusieurs de mes amis ont pris la détestable habitude de négliger leur femme. Certains, cependant, ont corrigé ce défaut en mettant en pratique la stratégie que je vous propose ici. Prenons par exemple un homme qui travaille et dont la femme reste au foyer (et elle travaille dur elle aussi, cela va sans dire). Dans cette situation machiste typique, le mari se persuade que sa femme a de la chance. Il minimise son rôle, il s'imagine qu'elle se la coule douce pendant qu'il sue sang et eau toute la journée. En conséquence, il contribue rarement aux tâches ménagères et s'occupe peu des enfants. Il se sent même offusqué quand on lui demande le moindre service.

Dans des cas comme celui-ci, il existe une thérapie de choc : l'époux doit prendre en charge la maison pendant une petite semaine, tandis que sa femme part se reposer chez des amis ! Cette suggestion paraît si effrayante à certains hommes qu'ils comprennent la leçon avant même de se soumettre à l'expérience. Ils s'avouent piteusement incapables d'assumer les tâches quotidiennes qu'impliquent la tenue d'une maison et la garde des enfants. Ils réalisent aussi à quel point c'est épuisant ! C'est un travail à temps plein ! En changeant de rôle, ne serait-ce que par la pensée, les maris retrouvent un sentiment de gratitude à l'égard de leur épouse.

Cette stratégie fonctionne bien sûr dans les deux sens. Il arrive souvent qu'une femme au foyer en vienne à sous-estimer le rôle de son mari. Elle peut, par exemple, se plaindre qu'il rentre tard ou manque l'heure du dîner, sans vraiment se rendre compte que gagner sa croûte n'est pas une sinécure. Dans la plupart des cas, la femme au foyer peut difficilement inverser les rôles avec son mari… Mais qu'elle essaie au moins d'imaginer ce que c'est que d'aller chaque jour récolter l'argent nécessaire pour subvenir aux besoins de sa famille. Pour une personne qui n'a jamais eu d'emploi fixe, cet exercice peut s'avérer très révélateur.

Le but de cette gymnastique mentale n'est pas de décider qui de vous deux exerce dans le couple le rôle le plus important ou le plus ingrat. Reconnaissez simplement que chaque versant a son lot de vicissitudes. Quelle que soit la distribution des rôles chez vous, et même si vous travaillez tous les deux, cette stratégie peut vous être utile. Prenez-la comme un jeu. Vous apprécierez davantage tout ce que votre conjoint fait pour vous. Et je peux vous garantir une chose : quand une personne se sent appréciée à sa juste valeur, elle devient très agréable à vivre.

96

Acceptez qu'il y ait toujours quelque chose à faire à la maison

On s'épargnerait beaucoup de stress et de vaines rancœurs si on avait la sagesse de « se rendre à l'évidence ». De nombreuses observations sur la vie tombent dans cette catégorie : on n'a jamais le temps nécessaire pour tout terminer ; il y a toujours un voisin qui possède ce que vous convoitez ; on ne peut pas être au four et au moulin ; l'existence est faite de compromis ; on ne peut pas toujours faire plaisir à tout le monde et, enfin, il y a toujours quelque chose à faire à la maison !

Curieusement, sans doute parce que ces évidences nous sont trop familières, nous avons parfois tendance à les récuser. Il est courant d'entendre dire : « Ma maison n'est jamais aussi rangée que je le voudrais » ou : « J'ai eu beau travailler comme une brute, je ne suis pas arrivé à tout boucler. » Plus j'y pense et plus je crois qu'il est indispensable de savoir capituler devant certains aspects inéluctables de la vie. Parmi ceux-ci, je classe cette vérité incontournable : où que vous habitiez, que vous soyez riche ou pauvre, il y aura toujours du pain sur la planche dans votre maison. Vous aurez beau taper du pied, vous imposer une discipline de fer ou implorer les cieux, cela ne changera rien à l'affaire. La meilleure façon d'aborder le problème, c'est encore de faire contre mauvaise fortune bon cœur. Je connais des gens qui sont pratiquement sans le sou, quelques-uns qui sont pleins aux as, et une immense majorité qui « navigue » quelque part entre ces deux extrêmes. Eh bien, personne – absolument personne – n'a jamais pu échapper à ce fait : il y a toujours quelque chose à faire chez soi.

Récemment, Kris et moi avons passé tout un samedi dans la maison à essayer de rattraper le retard que nous avions accumulé dans nos tâches domestiques. En regardant autour de moi, j'étais abasourdi par la somme de travail qui nous attendait. Il y avait la lessive à faire, les parquets à cirer, les placards et le grenier à ranger. Dans mon bureau, à l'étage, on aurait dit que je n'avais pas trié le courrier depuis des lustres, alors que je m'y étais employé la veille. Il fallait aussi nettoyer les cages des hamsters et balayer les marches du perron. Les lits – le nôtre et ceux des enfants – n'étaient pas faits. Le chien attendait qu'on le sorte pour sa promenade, et je devais réajuster la selle sur les vélos de mes filles. Qui plus est, les plantes, à l'intérieur comme dans le jardin, avaient grandement besoin d'être arrosées.

Et ce n'est que le sommet émergé de l'iceberg ! Cette liste ne comprend pas certaines « activités » quotidiennes comme régler les factures ou faire la lecture et coucher les petites. Elle passe sous silence le fait que les enfants dévorent trois repas par jour, ce qui nécessite de la préparation et de l'organisation. Ne sont pas non plus pris en considération certains travaux d'entretien, comme le bon coup de peinture dont a besoin notre maison ou la réparation de plusieurs appareils ménagers. C'est aussi compter sans la pelouse qu'il faudrait tondre une fois par semaine et les mauvaises herbes qui prennent d'assaut le jardin… Je pourrais continuer, mais vous avez compris le tableau !

Quand on mesure l'étendue de tout ce qu'il y a à faire, la tentation est grande de jeter le manche après la cognée ou de perdre les pédales. Si vous vous mettez en tête de trimer sans arrêt jusqu'à ce que tout soit terminé, vous allez vous condamner à une vie de forçat. Car si l'on risque tant de se noyer dans un verre d'eau à la maison, c'est que les verres d'eau ne manquent pas ! La seule solution, c'est la reddition, le « lâcher prise ». Faites de votre mieux, même si la bataille est perdue d'avance. Établissez les priorités entre ce qui est vraiment important et ce qui peut attendre. Et surtout, gardez le sens de l'humour ! Rappelez-vous qu'à l'impossible nul n'est tenu. Il ne s'agit pas d'adopter d'emblée une attitude défaitiste. Il s'agit simplement de reconnaître une évidence : vous n'avez pas plusieurs paires de bras. Quand vous tondez la pelouse, vous ne pouvez pas être en train de déboucher l'évier… Alors, à partir d'aujourd'hui, ne vous épuisez pas à la tâche. Détendez-vous. Vous n'en serez que plus heureux.

97

Faites la chasse au bazar !

Ce conseil qui semble relever du simple bon sens mérite cependant d'être discuté. Car contrairement à ce qu'on pourrait croire, c'est loin d'être un jeu d'enfant. Il m'a fallu beaucoup de persévérance mais, aujourd'hui, j'estime que j'ai réussi à éliminer environ 90 % du « bazar » qui encombrait ma vie. Et j'ai la conviction que ce travail de longue haleine a largement contribué à faire de moi une personne plus détendue en famille.

Chaque jour ou presque entrent dans nos vies une quantité de « trucs et de machins », pour la plupart parfaitement inutiles, mais qui n'en prennent pas moins de la place, physique ou mentale. Sans un effort conscient et concerté pour mettre le holà à cette accumulation, nous finissons par être submergés par des piles d'objets sans intérêt. Pourquoi ? Tout simplement parce que nous ne nous donnons pas la peine de contrôler leur arrivage. Sans une méthode réfléchie pour équilibrer (au minimum) les entrées et les sorties, ces piles d'objets encombrants vont augmenter inexorablement. Et elles deviendront de plus en plus difficiles à trier ! Beaucoup se bercent d'illusions en prétendant qu'ils vont « bientôt s'y mettre ». Ou ils s'imaginent, presque toujours à tort, qu'un jour ou l'autre, ces objets leur seront de quelque utilité. Pour légitimer cette excuse, ils citent la fois où, alors qu'ils avaient besoin de telle ou telle bricole, ils l'ont trouvée enterrée sous un amas de vieux cartons dans le garage…

Sous le terme de « bazar », je rassemble tout ce qui prend de la place, distrait votre attention de l'essentiel, tout ce dont vous ne vous servez pratiquement jamais, tout ce qui vous irrite d'une manière ou d'une autre. Par exemple une avalanche de courrier publicitaire, des bouts de papiers, des piles de vieux journaux et de magazines, d'anciens annuaires, des vêtements que vous ne portez plus, des cadeaux dont vous ne savez que faire, de vieux vélos, des appareils de musculation qui n'ont servi que la première semaine de leur achat, des amas de planches inutiles, des liasses de reçus non déductibles, des clés dont vous n'avez plus l'usage, des jouets dont les enfants ne veulent plus, de vieilles lettres, des livres que vous n'avez pas lus et que vous n'ouvrirez jamais, tout un fatras de souvenirs à valeur sentimentale, des bibelots qui vous font horreur, de la vaisselle en double, etc. Nos maisons débordent de tout un bric-à-brac qui n'a d'autre office que de prendre de la place. Je suis souvent allé chez des gens dont les placards étaient pleins à craquer d'objets qui ne servaient à rien et qu'on ne songeait même pas à utiliser un jour. Et lorsque j'avais l'aplomb de demander : « Pourquoi gardez-vous tout ce fourbi ? » la réponse était presque invariablement : « Bah, je n'en sais rien, il a toujours été là. »

À mon avis, si les gens se laissent ainsi envahir et étouffer, c'est qu'ils n'ont jamais connu la joie de vivre dans une maison qui « respire ». Leurs parents et grands-parents fonctionnaient de la même manière. La seule fois où l'on vidait un grenier, c'était lorsqu'une personne mourait ou qu'elle était obligée de quitter sa maison pour raison de santé.

Et pourtant, quelle sensation de paix dans une maison dépouillée de son surplus ! Ouvrir un placard et y trouver la place de suspendre sa veste ; mettre tout de suite la main sur ce qu'on cherche ; profiter des espaces vides… Il y a un réel plaisir à s'asseoir devant un bureau bien rangé, sur lequel le carnet d'adresses ne peut pas jouer à cache-cache. On éprouve un même sentiment de soulagement quand on ouvre un placard de cuisine et qu'on peut y choisir facilement son plat préféré, sans avoir à déplacer toute la vaisselle comme dans un casse-tête chinois.

« Faire la chasse au bazar », c'est un excellent moyen de s'organiser et donc de se simplifier la vie. Vous retrouvez la jouissance de l'espace libre, qui stimule votre réflexion en lui ouvrant de nouveaux champs.

Commencez modestement – videz vos tiroirs et vos placards. Donnez certains objets aux nécessiteux. Annulez vos abonnements aux magazines que vous ne lisez pas et jetez les numéros que vous avez gardés. Triez vos souvenirs, réunissez dans une seule boîte tout ce que vous voulez vraiment sauver – et « bazardez » tout le reste. Passez en revue votre garde-robe. Portez-vous vraiment tous ces vêtements ? Ne serait-il pas judicieux d'en offrir quelques-uns à une personne qui en profitera ? Vous pouvez peut-être instaurer une nouvelle règle : tout vêtement qui n'a pas été porté depuis deux ans sera donné séance tenante !

Tous ceux qui ont essayé de se simplifier la vie de cette manière se félicitent des résultats. Pour certains, c'est devenu un véritable mode de vie. Pour d'autres, c'est un exercice auquel ils ont recours de temps à autre, « quand la cour est pleine ». Je me suis aperçu d'une chose : depuis que j'accumule moins, j'apprécie davantage les objets que j'ai décidé de garder. J'espère que vous connaîtrez la même joie.

98

Remettez le plaisir à plus tard

À première vue, ce conseil paraît plus adapté aux problèmes d'ordre professionnel ou pécuniaire qu'aux exigences de la vie familiale. Pourtant, en y regardant de près, vous vous apercevrez que cette stratégie s'applique aisément à tous les domaines. Depuis que je m'en sers à la maison, je n'ai eu qu'à m'en féliciter.

Remettre le plaisir à plus tard, c'est accepter de faire une chose qu'*a priori* on n'avait pas très envie de faire, dans l'espoir d'en tirer ensuite un avantage ou un profit. Si vous décidez ainsi de retarder votre satisfaction, c'est parce que la récompense à venir est plus grande que le coût ou l'effort présent.

Vous pouvez, par exemple, souhaiter désespérément que votre enfant turbulent ou grognon fasse la sieste. Mais il est déjà 5 heures de l'après-midi : vous feriez mieux de tenir bon et de le mettre au lit à 7 heures, pour la nuit. Si vous le laissez se reposer maintenant, il sera de nouveau plein d'énergie quand vous serez prêt à vous coucher plus tard dans la soirée. Vous risquez de compromettre un sommeil pourtant mérité. En renonçant à un plaisir immédiat (un moment de calme), vous vous épargnez une nuit agitée.

Imaginons que votre enfant réclame à grands cris une glace ou je ne sais quelle friandise. Mais chaque fois ou presque que vous l'autorisez à manger trop de sucre, vous savez qu'il devient hypernerveux et irritable. Vous décidez qu'il vaut mieux le laisser geindre maintenant, pour qu'il soit dans de meilleures dispositions plus tard. De nouveau, vous remettez temporairement votre bien-être parce que la récompense à venir vaut largement le prix à payer.

Cette méthode peut donner d'excellents résultats dans d'autres domaines. Supposons que vous ayez envie de regarder une émission de télé, mais que votre femme (ou votre mari) ait quelque chose à vous dire. Vous êtes sans doute déçu de ne pouvoir suivre votre programme favori, mais il serait peut-être sage d'éteindre le poste pour accorder toute votre attention à votre conjoint. Vous renoncez à un petit plaisir maintenant afin d'avoir plus tard une épouse (ou un mari) de meilleure humeur. Résultat, votre relation ne s'en porte que mieux et votre stress diminue.

Chez nous, une bonne occasion d'appliquer cette méthode survient en fin de soirée, quand la cuisine est en désordre et que nous sommes épuisés, Kris et moi. Presque toujours, je me force à rester debout assez longtemps pour tout ranger (reportant ainsi l'heure du coucher) afin de me réveiller le matin dans une maison propre. Kris et moi trouvons réconfortant de nous réveiller sans avoir à affronter une cuisine en chantier. Cela nous aide à commencer la journée du bon pied.

Si vous pensez un peu plus souvent à différer votre plaisir, vous éviterez bien des désagréments de la vie en famille.

99

N'oubliez pas :
« Tout passe, tout lasse, tout casse »

C e dicton populaire est à mon sens une véritable perle de sagesse. Il m'a aidé à surmonter les soucis auxquels nous sommes tous confrontés de manière quotidienne mais aussi certaines périodes difficiles de mon existence.

« Le monde n'est qu'une branloire pérenne », disait le philosophe. Tout vient et va. Les problèmes apparaissent puis disparaissent. Un jour nous sommes en vacances, le suivant nous retournons au travail. Nous attrapons la grippe, et la semaine suivante nous retrouvons la forme. Nous subissons une légère blessure et (dans la plupart des cas) elle finit par guérir. Nous guettons un événement avec fébrilité et déjà il est derrière nous. Nous attendons avec impatience la finale de notre sport préféré et, dès le lendemain, nous reportons tous nos espoirs sur la saison suivante.

On se libère l'esprit quand on se rappelle à quel point tout sur terre est changeant et éphémère. On peut même y voir le fondement de la sérénité. Tout a un temps et un lieu. On ne se baigne jamais deux fois dans le même fleuve. Voilà de quoi nous donner le recul nécessaire pour traverser les épreuves : nous avons la garantie que rien n'est éternel. Quoi qu'il arrive, nous verrons le bout du tunnel. Les pires moments vont passer. D'ailleurs, ils passent toujours…

Quand on a des enfants en bas âge, par exemple, on a tendance à se dire : « Plus jamais je n'aurai une bonne nuit de sommeil. » Si vous n'avez pas en tête que « tout passe… », vous risquez de vous laisser submerger, voire de perdre espoir, pendant ces moments difficiles. Chaque nuit sans sommeil paraît interminable. Vous êtes inquiet, vous avez l'impression d'être pris au piège, condamné à perpétuité…

Mais cette période passe, inéluctablement. Vous vous trouvez face à de nouveaux défis – « l'âge ingrat », par exemple. Ce schéma s'applique à toutes les difficultés de la vie. Vous traversez une crise et vous avez l'impression que vous ne vous en sortirez jamais, et pourtant vous finissez par trouver une issue. Vous avez une grave dispute avec votre conjoint et vous jurez de ne jamais lui pardonner, mais finalement vous puisez dans votre cœur la force de l'aimer à nouveau. Au bureau, vous êtes débordé de travail, vous croyez que vous allez craquer… et voilà que votre agenda s'éclaircit. Nous luttons pied à pied, nous nous accrochons, et puis nous surmontons l'obstacle.

Il suffit de jeter un regard sur le passé pour constater que tout est éphémère : l'hiver, le printemps, l'été et l'automne ; la joie, le chagrin, l'éloge et les reproches ; les problèmes d'argent, le repos, et la fatigue ; les réussites, les échecs, et tout le reste. On touche au vrai bonheur quand on a conscience de cette caducité, non plus seulement *a posteriori*, mais au moment même où nous traversons une période difficile. Ainsi, nous restons forts au milieu de la tourmente. Quand on garde en mémoire que « tout passe… », on prend moins les situations au tragique.

Rappelez-vous ce brin de sagesse chaque fois que vous vous sentirez agacé, stressé, ou même quand vous traverserez une terrible épreuve. La vie est courte. Nos enfants sont petits ; ils grandissent. Nous sommes jeunes ; nous vieillissons. Le meilleur moyen de ne pas buter sur toutes les embûches de l'existence, c'est de ne jamais oublier que tout passe – même le pire.

100

Traitez les membres de votre famille comme si vous les voyiez pour la dernière fois

Il est toujours difficile de mettre un point final à un livre. Dans *Ne vous noyez pas dans un verre d'eau*, je terminais en vous suggérant de vivre cette journée comme si c'était la dernière – car sait-on jamais ? J'ai décidé de conclure ce livre en vous donnant un conseil similaire, mais qui concerne cette fois votre famille : traitez vos proches comme si vous les voyiez pour la dernière fois.

Il nous arrive souvent de prendre la porte sans même leur dire au revoir – ou de marmonner dans notre barbe une parole peu aimable en guise d'adieu. Combien de fois manquons-nous d'égards pour ceux que nous aimons le plus, sous prétexte de familiarité ? Nous nous comportons comme si l'avenir nous appartenait et que nous pouvions toujours remettre au lendemain nos témoignages d'affection. Mais est-ce bien prudent ?

Ma grand-mère Emily est morte il y a quelques années déjà. Je me souviens que chaque fois que j'allais la voir, je me disais que c'était peut-être la dernière fois. Ainsi, chacune de mes visites prenait une dimension particulière. Nos adieux étaient remplis d'amour sincère. Avec le recul, je m'aperçois que c'était une période très douce, très chaleureuse parce que chaque instant était précieux.

Notre vie quotidienne peut acquérir la même densité. Quand vous quittez tel ou tel membre de votre famille, imaginez que c'est votre dernier adieu. Imaginez qu'après cette rencontre, pour une raison ou pour une autre, vous ne le reverrez plus. Si c'était vrai (et c'est une éventualité à envisager), vous comporteriez-vous de la même façon ? Profiteriez-vous de ce moment pour rappeler à votre mère, à votre fils ou à votre frère tout ce qui vous déçoit ou vous déplaît en eux ? Votre dernier mot serait-il un reproche, un sarcasme ?

Probablement pas.

Si vous pensiez ne plus jamais revoir cet être cher, je suis presque sûr que vous prendriez une minute de plus pour l'embrasser et pour lui dire au revoir. Vous auriez peut-être à la bouche un mot gentil, une déclaration d'amour, au lieu d'un « à plus tard » plein de désinvolture. Vous agiriez avec plus de tendresse, plus de compassion. Au lieu de filer à l'anglaise, vous diriez sans doute à cette personne combien elle compte à vos yeux.

Loin de moi l'idée de terminer ce livre sur une note inquiétante. Mais n'oubliez jamais que votre famille est plus précieuse que la prunelle de vos yeux. Que deviendriez-vous si elle n'était pas là pour partager votre existence ? En mettant moi-même en pratique cette stratégie, j'ai appris à remettre en perspective mes priorités. Je sais mieux ce qui est essentiel à mon bonheur. Cette technique peut vous aider à devenir vous aussi plus patient et plus affectueux. Mais surtout, elle vous empêchera de vous noyer dans un verre d'eau en famille…

Remerciements

Je tiens à exprimer ma plus sincère reconnaissance à ma famille et aux amis qui m'ont fourni le matériau et les solutions nécessaires pour ne plus se noyer dans un verre d'eau ! En particulier, je voudrais remercier ma femme, Kris, pour le soutien et l'aide qu'elle m'a apportés dans la rédaction de ce livre. Non seulement elle m'a suggéré de nombreuses idées, mais elle est aussi très douée pour les mettre en pratique. J'aimerais aussi saluer Leslie Wells, une des meilleures directrices littéraires dans le monde de l'édition, ainsi que Patti Brietman et Linda Michaels, pour leur talent et leurs encouragements continus. Travailler avec vous est un plaisir. Enfin, je remercie tous mes amis chez Hyperion, notamment Vicky Chew, Jennifer Landers et Jennifer Lang, pour leur contribution.

Suggestions de lecture

Bailey, Joseph, *The Serenity Principle*. San Francisco : Harper & Row, 1990

Boorstein, Sylvia. *It's Easier Than You*. San Francisco : Harper Collins, 1996

Carlson, Richard. *You Can Be Happy No Matter What*. San Rafael, Calif. : New World Library, 1992
 – *You Can Feel Good Again*. New York : Plume, 1993
 – *Short Cut Through Therapy*. New York : Plume, 1995
 – *Handbook for the Soul*. New York : Little Brown, 1995
 – *Hanbook for the Heart*. New York : Little Brown, 1996

Chopra, Deepak. *The Seven Spiritual Laws of Success*. San Rafael, Calif. : New World Library, 1994
 – *Ageless Body, Timeless Mind*. New York : Harmony, 1993
 Dyer, Wayne. *Real Magic*. New York : Harper Collins, 1992
 – *The Sky's the Limit...* New York : Pocket Books, 1980
 – *Your Sacred Self*. New York : Harper Paperback, 1995
 – *Your Erroneous Zones*. New York : Harper, 1976
 Hay Louise. *Life*. Carson, Calif. : Hay House, 1995

Hittleman, Richard. *Richard Hittleman's Twenty-Eight-Day Yoga Exercise Plan*. New York : Bantam, 1983

Kabat-Zinn, Jon. *Wherever You Go, There You Are*. New York : Hyperion, 1994

Kornfield, Jack. *A Path with Heart*. New York : Bantam, 1993

Le Shan, Larry. *How to Meditate* (Audio Tape) Los Angeles : Audio Renaissance, 1987

Levine, Stephen, and Ondrea Levine. *Embracing the Beloved*. New York : Anchor Books, 1995

Salzberg, Sharon. *Loving Kindness*. Boston : Shambhala, 1995
Schwartz, Tony. *What Really Matters?* New York : Bantam, 1995

Siegel, Bernie. *Love, Medicine and Miracles*. New York : Harper Perennial, 1986

Williamson, Marianne. *A Return to Love*. New York : Harper Collins, 1993

Bien-être, des livres qui vous font du bien

*Psychologie, santé, sexualité, vie familiale, diététique… :
la collection Bien-être apporte des réponses pratiques
et positives à chacun.*

Psychologie

Thomas Armstrong
Sept façons d'être plus intelligent -
n° 7105

Anne Bacus & Christian Romain
Libérez votre créativité ! - n° 7124

Simone Barbaras
La rupture pour vivre - n° 7185

Martine Barbault & Bernard Duboy
Choisir son prénom, choisir son destin -
n° 7129

Deirdre Boyd
Les dépendances - n° 7196

Nathaniel Branden
Les six clés de la confiance en soi -
n° 7091
Maître de ses choix, maître de sa vie -
n° 7127

Jack Canfield et Mark Victor Hansen
Bouillon de poulet pour l'âme - n° 7155

Richard Carlson
Ne vous noyez pas dans un verre d'eau -
n° 7183
Ne vous noyez pas dans un verre
d'eau… en famille -
n° 7183

Steven Carter & Julia Sokol
Ces hommes qui ont peur d'aimer -
n° 7064

Chérie Carter-Scott
Dix règles pour réussir sa vie - n° 7211

Loly Clerc
Je dépense, donc je suis ! - n° 7107

Guy Corneau
N'y a-t-il pas d'amour heureux ? -
n° 7157

Lynne Crawford
La timidité - n° 7195

Christophe Fauré
Vivre le deuil au jour le jour -
n° 7151

Daniel Goleman
L'intelligence émotionnelle - n° 7130
L'intelligence émotionnelle 2 - n° 7202

Nicole Gratton
L'art de rêver - n° 7172

John Gray
Les hommes viennent de Mars, les
femmes viennent de Vénus - n° 7133

Marie Haddou
Savoir dire non - n° 7178

Sam Keen
Être un homme - n° 7109

Barbara Killinger
Accros du boulot - n° 7116

Jean-Claude Liaudet
Dolto expliquée aux parents -
n° 7206

Dr Gérard Leleu
La Mâle Peur - n° 7026
Amour et calories - n° 7139

Christine Longaker
Trouver l'espoir face à la mort -
n° 7179

Bernard Martino
Le bébé est une personne - n° 7094

Alan Loy McGinniss
Le pouvoir de l'optimisme - n° 7022

Pia Mellody
Vaincre la dépendance - n° 7013

Yannick Noah

Secrets, etc. - n° 7150

Robin Norwood

Ces femmes qui aiment trop – 1 -
n° 7020
Ces femmes qui aiment trop – 2 -
n° 7095

Vera Peiffer

Soyez positifs ! - n° 7118

Xavier Pommereau

Quand l'adolescent va mal - n° 7147

Anthony Robbins

Pouvoir illimité - n° 7175

Henri Rubinstein

La dépression masquée - n° 7214

Jacques Salomé

Papa, maman, écoutez-moi vraiment -
n° 7112
Apprivoiser la tendresse - n° 7134

Barbara Sher et Barbara Smith

Vous êtes doué et vous ne le savez pas -
n° 7141

Elaine Sheehan

Anxiété, phobies et paniques - n° 7213

Deborah Tannen

Décidément, tu ne me comprends pas ! -
n° 7083

Nita Tucker

Le grand amour pour la vie - n° 7099

Isabelle Yhuel

Mère et fille, l'amour réconcilié - n° 7161
Quand les femmes rompent - n° 7201

Rika Zaraï

Ces émotions qui guérissent - n° 7114

Santé

Joanna Bawa

Santé et ordinateur : le guide quotidien -
n° 7207

Dr R. Aron-Brunetière

La beauté et les progrès de la
médecine - n° 7006

Dr Martine Boëdec

L'homéopathie au quotidien - n° 7021

Dr Jacques Boulet

Se soigner par l'homéopathie - n° 7165

Julia Buckroyd

Anorexie et boulimie - n° 7191

**Dr Jean-Pierre Cahané & Claire
de Narbonne**

Nourritures essentielles - n° 7168

Chantal Clergeaud

Un ventre plat pour la vie - n° 7136

Dr Julien Cohen-Solal

Comprendre et soigner son enfant – I -
n° 7096
Comprendre et soigner son enfant – II -
n° 7097

Bruno Comby

Tabac, libérez-vous ! - n° 7012

Dr Lionel Coudron

Stress, comment l'apprivoiser - n° 7027
Mieux vivre par le yoga - n° 7115

Dr J.G. Drevet & Dr C. Gallin-Martel

Bien vivre avec son dos - n° 7002

Dr David Elia

Comment rester jeune après 40 ans
Version hommes - n° 7110
Version femmes - n° 7111
Le bonheur à 50 ans - n° 7184

Pierre Fluchaire

Bien dormir pour mieux vivre - n° 7005
Plus jamais fatigué ! - n° 7015

Henri Loo & Henri Cuche

Je suis déprimé mais je me soigne -
n° 7009

Dr E. Maury

La médecine par le vin - n° 7016

Maurice Mességué

C'est la nature qui a raison - n° 7028

Dr Sylvain Mimoun

Des maux pour le dire - n° 7135

Stewart Mitchell

Initiation au massage - n° 7119

Peter Mole

L'acupuncture - n° 7189

Pierre Pallardy

Les chemins du bien-être - n° 7001
La forme naturelle - n° 7007
Le droit au plaisir - n° 7063

Jean-Louis Pasteur

Toutes les vitamines pour vivre
sans médicaments - n° 7081

Jean-Yves Pecollo

La sophrologie au quotidien - n° 7101

Vicki Pitman

La phytothérapie - n° 7212

Dr Hubert Sacksick

Les hormones - n° 7205

Jon Sandifer

L'acupression - n° 7204

Debbie Shapiro

L'intelligence du corps - n° 7208

Dr Bernie S. Siegel

Vivre la maladie - n° 7131

Rochelle Simmons

Le stress - n° 7190

Dr Nadia Volf

Vos mains sont votre premier médecin -
n° 7103

Andrew Weil

Le corps médecin - n° 7210
Huit semaines pour retrouver une
bonne santé - n° 7193

Diététique

Agnès Beaudemont-Dubus

La cuisine de la femme pressée - n° 7017

Marie Binet & Roseline Jadfard

Trois assiettes et un bébé - n° 7113

Dr Alain Bondil & Marion Kaplan

Votre alimentation - n° 7010
L'alimentation de la femme enceinte
et de l'enfant - n° 7089
L'âge d'or de votre corps - n° 7108

Sonia Dubois

Maigrissons ensemble! - n° 7120
Restons minces ensemble! - n° 7187

Annie Hubert

Pourquoi les Eskimos n'ont pas
de cholestérol - n° 7125

Dr Catherine Kousmine

Sauvez votre corps ! - n° 7029

Colette Lefort

Maigrir à volonté - n° 7003

Michel Montignac

Je mange donc je maigris ! - n° 7030
Recettes et menus Montignac - n° 7079
Comment maigrir en faisant des repas
d'affaires - n° 7090
La méthode Montignac Spécial Femme -
n° 7104
Mettez un turbo dans votre assiette -
n° 7117
Je cuisine Montignac - n° 7121
Restez jeune en mangeant mieux -
n° 7137
Recettes et menus Montignac (2) -
n° 7164
Boire du vin pour rester en bonne santé -
n° 7188

Philippe Peltriaux et Monique Cabré

Maigrir avec la méthode Peltriaux -
n° 7156

Nathalie Simon

Mangez beau, mangez forme -
n° 7126

Thierry Souccar

La révolution des vitamines - n° 7138

Vie familiale

Etty Buzyn

Papa, maman, laissez-moi le temps de
rêver - n° 7132

Béatrice Cakiroglu

Les droits du couple - n° 7018

Roberta Cava

Réussir et être heureuse au travail -
n° 7082

Bien-être

7219

Composition Chesteroc
Achevé d'imprimer en Europe (Allemagne)
par Elsnerdruck à Berlin
le 22 janvier 2001.
Dépôt légal janvier 2001. ISBN 2-290-31005-0

Éditions J'ai lu
84, rue de Grenelle, 75007 Paris
Diffusion France et étranger : Flammarion